U0055496

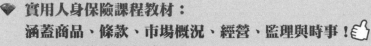

人身保險經營與實務

◆ 實用人身保險課程教材：
　涵蓋商品、條款、市場概況、經營、監理與時事！👍

◆ 量身訂作的專屬考試用書：
　91~105年重要考題解析＋重點項目化與圖表化！👍

針對特考
人身保險代理人
量身訂作

賀冠群、廖勇誠 著

作者序

　　因應106年保險代理人考試變革以及人身保險教材需求，為切合讀者與考生需求，特別由賀先生與廖老師編撰及修訂本書。

　　本書涵蓋保險專業多元，涉及市場概況、保險商品與條款、保險規劃、保險經營、時事與重要考題解析等各層面要點，十分適合作為人身保險課程的實用教材，也非常有助於保險學、保險經營、保險行銷與保險實務考試科目之準備。

　　另外，保險系列書籍出版後，受到很多忠實讀者們的選購、支持與鼓勵，在此特別向讀者好友們致上衷心的感謝！特別感謝師長們、業界長官同事們、家人與好友們的長期鼓勵與支持！最後，金融保險學理廣泛且專業艱深，筆者雖戮力以赴，但恐有謬誤或疏漏，敬祈海內外宏達與師長專家前輩指正與見諒。

賀冠群、廖勇誠

於台中

106年2月

Contents

架構圖：
人身保險經營與實務

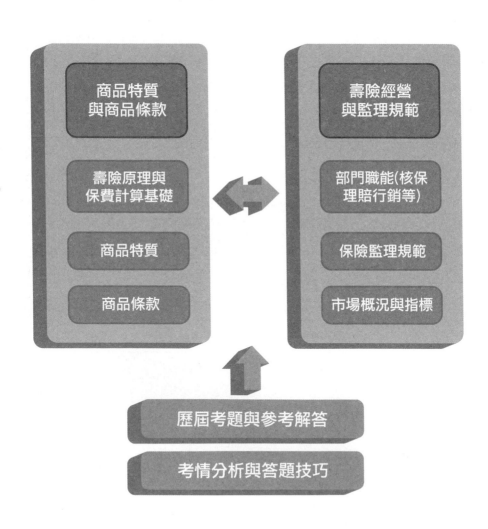

商品特質與商品條款

壽險原理與保費計算基礎

商品特質

商品條款

壽險經營與監理規範

部門職能(核保理賠行銷等)

保險監理規範

市場概況與指標

歷屆考題與參考解答

考情分析與答題技巧

Part 1
商　品　篇

第一章 壽險市場概況與考情分析
第一節 考情分析

一、規劃投入人身保險產業

1. 規劃在人身保險公司服務、壽險代理人公司或商業銀行保險代理部門服務。

2. 規劃在銀行與證券公司成立的人身保險代理公司或保險代理部門服務，擔任行政法遵職員、簽署人、財富管理主管、保險商品主管。

3. 建議：通過壽險公會舉辦的壽險業務員、外幣保單業務員或保險事業發展中心舉辦的投資型保單考試後，再參加考試院舉辦的人身保險代理人特考。

二、人身保險代理人考試資訊

1. 網址：http：//www.moex.gov.tw

2. 考試資訊：

   (1)考試院主辦：保險人員特種考試（相當於普考等級）

   (2)報考學歷要求：高中以上學歷

   (3)報名方式：採網路線上報名

   (4)考試時間：每年五月前後

   (5)專業科目考試題型：

   　　a. 104年之前的考試題型：以問答題(申論題)為主，簡答題或解釋名詞為輔。

b. 105年之後的考試題型：選擇題加上問答題；
問答題可能涵蓋申論題、簡答題與解釋名詞。

(6)及格標準：四科平均60分及格、但總成績滿60分
及格人數未達各該類科全程到考人數16%時，以
錄取各該類科全程到考人數16%為及格。總成績
之計算，以各科目成績平均計算。各該類科考試應
試科目有一科成績為0分或總成績未滿50分者，均
不予及格。

3. 考試科目

證照種類	考試科目
人身保險代理人	保險學概要、保險法規概要、人身保險經營概要、人身保險實務概要
人身保險經紀人	保險學概要、保險法規概要、人身風險管理概要、人身保險行銷概要

4. 考取後效益

(1)得開設代理人公司或在銀行保代部擔任簽署人：得
自行成立代理人公司，也可以擔任代理人公司或在
銀行保代部擔任簽署人，加薪幅度達1~2萬。

(2)部分代理人公司為鼓勵職員參加代理人考試，另發
放獎勵金鼓勵員工。

(3)銀行保險蓬勃發展，各銀行與證券公司大部分都已
成立壽險代理人公司或銀行保代部，考取後有助於
投入銀行保險職務。

(4)可擔任代理人公司或在銀行保代部擔任法令遵循或行政主管。

(5)透過國家考試證書加分與背書，有助於增加自身專業，並增高求職者面試或新進人員徵試的錄取率。

三、命題範圍：人身保險經營概要

1. 人身保險經營基本概念：本質、內容、原則、範圍、保險市場分析等。

2. 人身保險經營：經營政策、經營組織、人力資源、商品設計、費率釐訂、行銷、核保、再保、理賠、資金運用等。

3. 人身保險經營績效評估：業務績效評估指標、財務績效評估指標、保險經營評鑑等。

4. 人身保險經營風險控管與未來潮流趨勢：內部控制、內部稽核、風險基礎資本（RBC）、保險國際化、保險自由化等。

四、命題範圍：人身保險實務概要

1. 人壽保險實務：保險商品、保險費、責任準備金、核保、再保、理賠等。

2. 健康及傷害保險實務：保險商品、保險費、責任準備金、核保、再保、理賠等。

3. 年金保險實務：保險商品、保險費、責任準備金等。

4. 投資型商品實務：保險商品、保險費、責任準備金等。

五、近年人身保險代理人報考人數與及格率概況

1. 報考人數與到考人數皆呈現逐年增加趨勢。

2. 近年的報考人數大約144~614人，到考人數72~420
   人，但及格人數僅有8~109人。

3. 近年到考及格率約11%~26%，各年不一。

表1-1 近年人身保險代理人考試人數與及格人數趨勢

年度	報考人數	到考人數	及格人數	及格率
98年	144	72	8	11%
99年	192	107	21	20%
100年	245	152	23	15%
101年	246	155	49	32%
102年	290	190	46	24%
103年	276	171	34	20%
104年	308	190	23	12.1%
105年	614	420	109	25.95%

*及格率= 及格人數/到考人數　　　　資料來源：考選部，101年~105年考選統計

六、簡答題與問答題答題技巧分享

1. 大題大答、小題小答，切忌小題大作、大題小作
   25分的問答題，一定要比10分的問答題回答內容更完
   整。同樣的道理，千萬別將5分或10分的解釋名詞或
   簡答題，以25分的問答題或申論題答題內容應答，否
   則只是浪費時間。

2. 先審題與構思後再下筆

方向正確後，才能得到高分，否則一步錯步步錯，白忙一場。建議先以鉛筆在題目卷上構思重要答題架構後，再進一步下筆。另外，答題內容如果有多項，建議重要的答題內容寫在前面，次要或輔助的答題內容擺在後面。

3. 分項逐一列舉答題且有條理地摘要重點答題

別忘了每個問項依序回答，而且篇幅有限，一定要切入核心且有條理地針對重點答題喔！可不要風花雪月作文章！另外，建議以逐項列舉方式答題，比較方便閱卷老師批閱分數，也可以避免漏寫或批閱疏忽，而造成分數落差。

4. 答題架構須從保險商品條款、監理法規與經營實務切入發揮

考題範圍如果是壽險商品特質或條款，應切入問題核心，就該問題深入從保險法規、條款與商品特質等層面，系統化提出整體論述。例如：詢問契約撤銷權，重點應在契約撤銷權的說明、行使、效力、無息退還保費的這些示範條款內容論述，而非討論壽險契約的效力或只談論到何謂契約撤銷權。

5. 精選一本書熟讀並加入其他書籍內容優點，避免答題內容精確度或範圍不足

每一本書或每一位作者對於某些主題常存在明顯差

異，例如：投資型保險的特質，各有學說與觀點。另外，專有名詞或解釋名詞，每一本書也多有不同說法。建議考生可以熟讀一本書籍，並針對該書籍內容不足之處，透過其他書籍內容進一步補充與加強，則精確度與範圍將更加提升。

6. 上課講授內容並非答題內容

許多學生把老師上課講授內容，包含舉例、個案、圖示等，全部列入答題內容，並認為應該得到滿分，其實是有偏差的。教學講授內容，為了學生便於了解，通常要透過範例說明或結合生活點滴，但答題內容卻不宜納入。例如：提及社會新鮮人的人壽保險規劃建議，不應依照老師所舉範例投保定期保險200萬，因為這只是個案或案例。

7. 留意時事、新商品與新頒法規

人身保險經營概要與人身保險實務概要兩個科目，涉及實務經營、商品、法規問題，從歷屆考古題發現時事、新商品與新頒法規列入考題的比重頗多，務必留意。例如：RBC、外商壽險公司被合併或撤資、銀行保險通路成為主要銷售通路、投資型商品與利變型商品成為主流之一、產險公司販售意外與健康險、外幣保單、微型保單、OIU保單、實物給付保單、優體保單等。

8. 其他

(1)答題內容盡量列舉式撰寫，千萬不要空白，也應避免長篇大論卻未能切入核心重點。

(2)不要有錯別字、簡體字或自行造字；字要工整、少用修正液或修正帶。

(3)針對解釋名詞或重要題目，建議自己整理筆記。

(4)考生參與人身保險代理人考試，答題內容或舉例說明，應以人身保險商品與經營切入說明答題，通常不宜以財產及責任保險或社會保險角度答題。

七、選擇題答題技巧分享

1. 善用統一歸納法，增加答對機率
   歸納後更容易記憶，可避免死背硬記。例如：可針對不同壽險或年金商品分類比較，更容易了解彼此特質差異。

2. 留意數值，增加答對機率
   選擇題很多都與數值有關，特別需要留意，諸如：RBC比率需達200%以上、15日內通知要保人等、最低罰款金額改為10萬。

3. 留意關鍵字，增加答對機率
   選擇題需多留意關鍵字，諸如：即期年金保險、投資型保險、實物給付、長期照護、重大疾病等。

4. 針對限制事項或禁止事項需要特別留意
   諸如：須符合的資格條件、需要符合之信評等級、禁

止投資之項目、執行業務之限制等。

5. 考生務必留意法令最新動態

新頒佈或新修訂示範條款、新開放的保險商品務必留意，例如：長期照護2.0、重大疾病、實物給付保單、OIU保單、個人傷害險等級修訂、準備金利率調整、兒童身故理賠金額、年金改革、遺贈稅稅率提高。

6. 自己整理筆記：

邊記筆記邊背誦，更容易有系統且手到心到眼到的理解與記憶。

7. 其他：

刪除錯誤答案、刪除不合理答案、刪除對保戶顯失公平答案，可增加答對機率。

第二節 壽險市場概況[1]

一、壽險市場重要指標

1. 保險密度

(1)公式 ＝ 期間內總保費收入 ／ 人口數；代表平均每人的保費支出金額。

(2)意義：若以人身保險為例，人身保險保險密度金額愈高，代表當年度平均每人繳納保費愈高，通常也

---

1 參金管會保險局，保險市場重要指標，保險事業發展中心網站資訊

表示民眾對於高保費的保險商品的偏好愈強。

(3)104年度台灣地區之人身保險保險密度約為12.5萬元，金額頗高。

2. 保險滲透度

(1)公式 = 期間內總保費收入 / GDP；相當於全國或該地區之當年度平均保費收入之所得佔率。

(2)若以人身保險為例，人身保險保險滲透度愈高，代表當年度民眾花費在人身保險的支出佔率愈高。

(3)104年度台灣地區之人身保險保險滲透度約為17.5%，全球排名第二名。

3. 人壽保險及年金保險普及率

(1)公式 = 該時點人壽保險及年金保險(有效契約)保額 / 國民所得。

(2)意義：相當於全國或該地區人壽保險及年金保險有效契約保額的國民所得倍數。若以人壽保險為例，普及率高，表示有效契約保額高達國民所得的數倍。

(3)104年底台灣地區之人壽保險及年金保險普及率約為289%，代表有效契約保額為當年度國民所得的3倍。

4. 人壽保險及年金保險保險投保率
   (1) 公式＝該時點人壽保險及年金保險(有效契約)投保件數／人口數。
   (2) 意義：相當於平均每人已投保之有效保單數。若以人壽保險為例，特定年齡層投保率高，表示該年齡層平均每人投保多張保單；反之，若該年齡層投保率偏低，表示該年齡許多民眾尚未投保壽險或投保件數少。
   (3) 104年底台灣地區之人壽保險及年金保險投保率約為234%，代表整體平均來說，平均每人已投保約2.3張保單。

5. 壽險業資產佔金融機構資產比率
   (1) 公式＝壽險業資產／金融機構資產。
   (2) 意義：壽險業資產佔率愈高，代表著壽險業累積資產金額愈高，對於整體金融機構影響愈大，對於整個國家的經濟影響也愈大。
   (3) 104年底台灣地區之壽險業資產佔金融機構資產比率為29.85%。

二、壽險市場保費概況

　　壽險業保費收入可以分出初年度保費收入與續年度保費收入，初年度保費收入或新契約保費收入(First Year

Premium, FYP)主要為當年度新投保的保單,在當年度繳納的保費收入金額。續年度保費收入(Renewal Year Premium, RYP)則為過去年度的所有有效契約保單在當年度繳納的保費金額。壽險公司隨著業務成長,分期繳業務的續年度保費收入通常呈現逐年成長趨勢,因為每年都有新契約投保,將於隔年成為續年度保費收入的加項。最後將初年度保費收入加上續年度保費收入,就成為總保費收入(Total Premium)。

　　壽險公司每月都會填報壽險公會或保險事業發展中心保費收入金額,可進一步計算出各公司初年度保費收入排名。另外,為避免壽險公司盲目追求業績排名或市場佔率,而過度推動躉繳或短繳期商品,保險事業發展中心另行制訂新契約等價保費收入,透過將繳費年期低於六年的保費打折計算方式,另行計算新契約等價保費收入金額與排名,以避免保費收入排名失真情事。另外,因應保險業實施IFRS國際會計準則,壽險業的保費收入認列,必須符合其要求,否則將被認列為負債,而非保費收入,例如:許多變額年金保險由於保障功能低,因此該變額年金的保費常列為負債。

1. 初年度保費金額與佔率之險種別分析

　　(1)105年整體壽險業的初年度保費收入金額近1.27兆台幣。其中傳統型保險保費佔率約84.5%,投資型保險保費佔率約15.5%。

(2)105年主要初年度保費收入來源為傳統型人壽保險(佔率73%)，其中尤其以利率變動型人壽保險為主力商品。另外，投資型年金保險(佔率6.9%)、投資型人壽保險(佔率8.6%)、利率變動型年金等傳統年金(佔率7.9%)、健康險與傷害險(佔率約3.6%)。

(3)相較於104年，105年度利率變動型壽險與還本終身保險商品呈現較大幅度的保費成長；其他險種則呈現衰退或僅微幅成長。投資型保險則呈現約4成的衰退。

表1-2 壽險業105年度各險別初年度保費收入統計表（保費收入+負債）

單位：百萬元

險　別／年　度		105年度	104年度	成長率(%)
壽　險	傳統型	927,597	692,825	33.9
	投資型	108,658	169,765	-36.0
	小　計	1,036,255	862,590	20.1
傷害險	傳統型	11,719	11,475	2.1
健康險	傳統型	33,597	33,598	0.0
年金險	傳統型	100,976	102,388	-1.4
	投資型	87,934	176,227	-50.1
	小　計	188,910	278,615	-32.2
合　計	傳統型	1,073,888	840,286	27.8
	投資型	196,592	345,992	-43.2
	總　計	1,270,480	1,186,278	7.1

資料來源：壽險公會

2. 保費金額與佔率之行銷通路來源分析

就壽險業105年初年度保費收入分析，保費佔率最高的行銷通路來源是銀行保險通路，佔率約51.5%； 其次為壽險公司的業務人員，佔率約42%；一般經代通路之保費佔率約6.5%。

表1-3 壽險業105年度初年度保費收入來源別統計表（保費收入+負債）

單位：百萬元

來源別	壽險公司	金融機構經代保代	傳統經代保代	合計
保費收入	533,752	653,785	82,942	1,270,480
比率（%）	42.01	51.46	6.53	100.00
個人壽險	353,492	503,278	67,857	924,627
個人年金	74,843	23,645	2,394	100,882
投資型保險	62,474	126,245	7,872	196,592
個人傷害、健康	31,185	449	2,608	34,243

*其他通路主要包含直效行銷等通路　　　　　　　資料來源：壽險公會

3. 歷年台灣壽險業人身保險商品配置趨勢

　　(1)89年度之前，主力商品全部為傳統型壽險商品，包含人壽保險、傳統型年金、傷害險與健康險商品。

　　(2)89年度之後，利率變動型年金、萬能壽險、利率變動型壽險、投資型壽險與投資型年金上市後，也讓

整體保費收入迅速攀升。不同年度間,主力商品常有更迭;也反映出經濟環境與商品需求間之相互變化關係。

(3)93年後,投資型保險與利變型保險之業績佔率增加迅速,商品保費佔率之波動區間也加大。銀行保險通路的崛起,也提供投資型保險與利變型保險良好的成長環境。尤其市場利率走低以及責任準備金利率調降之下,更讓105年度之利率變動型保險商品的保費規模呈現大幅攀升。

(4)金融海嘯後投資型保險業績大受衝擊,但傳統型保險與利變型保險的業績反而逆勢攀上高峰。101年之後,投資型保險業績逐步增長,但在105年投資型保險業績呈現約4成衰退。

第三節 考題解析

一、人身保險保費收入比上國內生產毛額的值稱為:

A.保險密度

B.保險滲透度

C.投保率

D.普及率

參考解答:B

二、有關保險市場指標：「保費收入對國內生產毛額（GDP）之比率」的敘述，下列何者正確？

①此指標稱為保險滲透度

②此指標在產險業並不使用

③此指標並不能完全反映國內保險業之發展

④此指標忽略保險價格水準、保險商品組合等其他市場變動因素

A.①②③

B.①②④

C.①③④

D.②③④

參考解答：C

三、主管機關為減少保險公司類定存保單的銷售，要求保險公司「新契約的等價保險費」（First Year Premium Equivalent, FYPE）占「新契約的保費」（First Year Premium,FYP）的比率必須超過50%。請說明何謂「新契約的等價保險費」？並闡述主管機關以此指標來衡量保險公司的業務經營的目的為何？

參考解答：

● 新契約等價保費收入(FYPE)：為反應躉繳商品與分期繳商品之保費差異，透過將繳費年期低於六年的保費打折計算方式，而得到的另一個新契約保費收入指

標。

● FYPE依據新契約保單不同的繳費年期，乘上不同的保費係數。6年期以上為100%、不打折；躉繳件保費，以保費的10%計算；2年期以保費的20%計算；3年期以保費的30%計算；4年期以保費的40%計算；5年期以保費的50%計算。

● 目的：為避免壽險公司盲目追求業績排名或市場佔率，而過度推動躉繳或短繳期商品，保險事業發展中心另行制訂新契約等價保費收入，透過將繳費年期低於六年的保費打折計算方式，另行計算新契約等價保費收入金額與排名，以避免保費收入排名失真情事。

四、請從我國人身保險的保險密度、人壽保險及年金保險的普及率等兩個指標，分析並探討我國民眾所購買之人身保險的保障程度是否足夠。

參考解答：

1. 保險密度

(1)公式 = 期間內總保費收入／人口數；代表平均每人的保費支出金額。

(2)意義：若以人身保險為例，人身保險保險密度金額愈高，代表著當年度平均每人繳納保費愈高。

(3)104年度台灣地區之人身保險保險密度約為12.5萬元，金額頗高。

2. 人壽保險及年金保險普及率

  (1)公式＝人壽保險及年金保險(有效契約)保額 ／ 國民所得。

  (2)意義：相當於全國或該地區人壽保險及年金保險有效契約保額之國民所得佔率。若以人壽保險為例，普及率高，表示有效契約保額高達國民所得的數倍。

  (3)104年底台灣地區之人壽保險及年金保險普及率約為289%，代表有效契約保額約為當年度國民所得的3倍。

3. 民眾所購買之人身保險的保障程度是否足夠

  (1)就保障額度來看，目前民眾的有效契約保額僅約國民所得之三倍，普及率數值明顯偏低，可觀察出民眾投保的保障金額有限。

  (2)就平均保費金額來看，保費金額是偏高的，可觀察出頗多民眾對於儲蓄型商品之偏好頗高，但保障額度卻偏低。

五、保險滲透度（Insurance penetration）

參考解答：

  1. 公式 ＝ 期間內總保費收入 ／ GDP；相當於全國或該地區之當年度平均保費收入之所得佔率。

2. 若以人身保險為例，人身保險保險滲透度愈高，代表民眾當年度花費在人身保險的支出佔率愈高。

第二章 台灣壽險商品發展歷程、審查制度 與保費計算基礎

第一節 台灣壽險與年金商品發展歷程[2]

一、人壽保險與年金商品發展階段

若依商品型態、法令規範、消費者需求與業績等要素區分，台灣壽險業五十多年來人壽保險與年金商品發展歷程，可概分為以下階段：

1. 第一階段（51年~55年）：此階段主要商品為生存保險。

2. 第二階段（56年~60年）：此階段主要商品為生死合險（養老保險）。

3. 第三階段（61年~66年）：此階段主要商品為多倍型保障生死合險。

---

2 作者參酌以下文章並結合商品調查研究修訂。

● 夏銘賢，「台灣壽險業商品研發的演變及新趨勢」，壽險季刊，第94-95頁

● 壽險公會，人身保險業務員資格測驗統一教材，P.22~24

● 朱銘來、廖勇誠、王碧波等，人身保險經營實務與研究，第二章

● 廖勇誠，個人年金保險商品實務與研究，第二章。

● 保險事業發展中心，保險商品查詢

● 壽險公司網站商品資訊調查

● 廖勇誠，輕鬆考證照：人身與財產風險管理概要與考題解析，第二章。

● 廖勇誠，輕鬆考證照：外幣保單與保險理財，第二章。

4. 第四階段（67年～74年）：此階段主要商品為增值分紅養老保險。

5. 第五階段（75年～82年）：此階段主要商品型態為增值還本終身壽險。

6. 第六階段（83年～85年）：強制分紅壽險保單與重大疾病保險。

7. 第七階段（86年～94年）：多元化商品型態問市的重要階段。

投資型保單、傳統型年金保險、變額年金保險、投資型人壽保險、利率變動型年金保險相繼上市。本階段實為台灣壽險業的重要里程碑，本階段分紅保單、不分紅保單、個人傳統型年金保險、利率變動型年金保險、變額年金保險、變額壽險、變額萬能保險、萬能保險與利率變動型保險紛紛上市。

8. 第八階段（95年至今）：多元化商品爭鳴與外幣保單上市的重要階段。

分紅保單、不分紅保單、傳統儲蓄型保險、利率變動型年金、變額年金、投資型壽險、利率變動型保險與萬能壽險業績佔率逐漸擴大且已成為主力商品，此外各商品類型呈現業績互有更迭趨勢。本階段外幣保單的上市，成為本階段的重要里程碑。在本階段，外幣傳統型保單、外幣投資型保單、附保證給付變額保險商品、優體保單、微型保單與實物給付保單等新商品

也陸續上市，尤其外幣傳統型保單與外幣投資型保單已成為壽險公司的主力商品。

二、近二十年台灣壽險業主要創新商品調查摘要

1. 83年台灣第一張「重大疾病保險」上市。
2. 84年台灣第一張長期照護保險保單上市。
3. 85年台灣第一張終身醫療保險上市。
4. 86年台灣第一張傳統型年金保險上市。
5. 89年台灣第一張投資型年金保單問市，開啟投資型保單新紀元。
6. 90年台灣第一張利率變動型年金保險與第一張投資型壽險保單上市。
7. 92年台灣第一張不分紅保單與分紅保單問市。
8. 93年與94年台灣第一張萬能壽險與第一張利率變動型保險推出。
9. 95年台灣第一張保證承保壽險保單上市。
10. 96年台灣第一張附保證給付條件之變額年金商品上市。
11. 97年台灣第一張傳統型外幣保單與第一張優體保單上市。
12. 98年台灣第一張微型保單上市。
13. 103年台灣第一張人民幣傳統保單上市。
14. 104年開放外籍人士保單(OIU保單)上市。

15. 105年第一張實物給付保單上市。

三、台灣近年人壽保險商品之發展趨勢

1. 儲蓄與投資理財型商品已成主流：短期儲蓄險、變額年金保險、投資型壽險、利率變動型年金保險、利率變動型壽險與萬能壽險保單已成主力商品。

2. 幣別多元化：外幣傳統壽險保單、外幣投資型保單、外幣利變型壽險、外幣年金保險與外幣健康險相繼上市。

3. 醫療商品多元化：因應人口高齡化與醫療科技進步，長期照護、特定傷病、終身醫療、終身癌症與終身手術等各種商品紛紛上市。

4. 特定目標市場保單問市：微型保單、優體保單、兒童保單或保證保老年保單。

5. 產險業經營短年期個人或團體健康險與傷害保險。

6. 其他：保戶給付選擇多元化、連結標的多元化、實物給付保單上市。

第二節 台灣壽險商品審查制度概要

一、保險商品審查程序與方式

　　主管機關簡化商品送審制度後，對於壽險商品送審效率幫助頗大。目前絕大部分人身保險商品之送審，採取備

查制度。核准制度下，保險業應將保險商品報請主管機關核准後，才能銷售。主管機關應於90個工作天內為准駁之決定。備查送審制度下，壽險公司無須經過主管機關核准，可以直接銷售商品，但需於保險商品上市販售後15個工作日內將文件送至保險局或指定機構。依規範僅新型態保險商品與主管機關列舉的特定商品，才需依據保險商品銷售前程序作業準則與新型態人身保險商品認定標準，採取核准制送審。摘列說明如下：

1. 核准制：指保險業應將保險商品報請主管機關核准，始得銷售。主管機關應自收齊申請文件之日起四十個工作日內核復，並應於九十個工作日內為准駁之決定。

2. 備查制：指保險商品無須經過主管機關核准，保險業得逕行銷售。但保險業應於開始銷售後十五個工作日內檢附資料，送交主管機關或其指定機構備查。

二、以核准方式送審之商品[3]

1. 依據勞工退休金條例相關規定辦理之年金保險商品。
2. 應提存保證給付責任準備金之投資型保險商品。

---

3 不屬於新型態保險商品：

1. 新型態保險商品經主管機關核准時間逾六個月。
2. 同類型新型態保險商品經主管機關核准時間雖未逾六個月，惟已核准達兩張。

3. 新型態之保險商品。新型態保險商品之認定標準，由
   中華民國人壽保險商業同業公會擬訂，報主管機關核
   定。依據新型態保險商品之認定標準內容，以下商品
   須採核准制送審：
   (1)各公司第一張非約定以新臺幣為收付幣別之傳統型
      保險商品。
   (2)各公司第一張非約定以新臺幣為收付幣別之投資型
      保險商品。
   (3)殘廢程度與保險金給付表未依示範內容規範辦理。
   (4)各公司第一張優體件。
   (5)各公司第一張弱體件。
   (6)財產保險業各公司第一張健康保險商品。
   (7)各公司第一張由保險人全權決定運用標的之投資型
      保險商品。
   (8)各公司第一張以人民幣為收付幣別之傳統型保險商
      品。
   (9)各公司第一張連結國內結構型商品之投資型保險商
      品或連結國內結構型商品屬新種財務工程。
   (10)各公司第一張實物給付型保險商品。
   (11)實物給付項目非屬殯葬服務且保險期間與保險給
      付期間合計超過十年之實物給付型保險商品。
   (12)其他經主管機關認定有特殊事項情形者。

> **小叮嚀：**
> 須採取核准制送審之商品：
> 1.第一張：第一張外幣保單、第一張人民幣保單、第一張優體或
> 弱體保單、第一張微型保單、第一張全委投資型保險或實物給
> 付型保險商品、第一張連結國內結構型商品之投資型保險。
> 2.依據勞工退休金條例相關規定辦理之年金保險商品。
> 3.應提存保證給付責任準備金之投資型保險商品。
> 4.特殊商品：未依示範內容規範辦理。

三、壽險商品上市前作業與制度摘要

1. 簽署人制度：保險業送審保險商品前，應由總經理或
   經其授權之部門主管及合格簽署人員簽署確認。

2. 總經理對其授權之部門主管之行為，應同負責任，並
   對其簽署人員負督導之責。

3. 壽險公司應設立商品評議小組與保險商品管理小組，
   負責相關商品審查與上市事務。

第三節 壽險商品保費計算基礎與準備金提存[4]

一、費率計算基礎與利潤來源

1. 人壽保險費率的計算基礎

   人壽保險保險費構成的要素包括純保險費、附加保險

---

4 參壽險公會，壽險業務員登錄考試教材、保發中心，投資型保險業務
員考試教材與廖勇誠 (2013)，人身與財產風險管理概要與考題解析

費兩部份，主要以下列三項變數為計算基礎。

(1)預定死亡率：死亡率愈高，預期死亡給付會愈高，保費將愈貴。（與保費成正比）

(2)預定利率：預定利率愈低，保單預定利息收入愈低或保單折現率愈低，保費將愈貴。（與保費成反比）

(3)預定營業費用率：費用率愈高，需要收取的費用就愈高，保費將愈貴。（與保費成正比）

2. 壽險商品利潤來源三因素

(1)死差益：實際死亡率 ＜ 預定死亡率

(2)利差益：實際投資報酬率 ＞ 預定利率

(3)費差益：實際費用率 ＜ 預定費用率

二、壽險相關名詞

1. 自然保險費：壽險公司依照當年度壽險給付責任所計算出來的保險費金額，該保險費金額將隨著年齡增加而遞增；因此年齡愈高，保費持續攀升。

2. 平準保險費：由於民眾青壯年階段的繳費能力與負擔能力較高，並且為了簡化保費繳費作業，壽險公司透過精算專業預估長期壽險契約未來的給付現值後，計算出各期應收取的相等金額保險費。目前國內的壽險保單皆採取平準保費方式繳納，較能配合民眾的收支型態而且可以簡化保費繳費作業，更可持續累積保單

價值準備金，同時提供保障與儲蓄的保險功能。

3. 淨危險保額（Net Amount at Risk）：為保險金額或身故保障金額扣除保單價值準備金後之餘額。淨危險保額代表壽險公司真正承擔的危險金額，因為保單價值準備金是保費積存金，概念上屬於保戶的儲蓄金額概念，扣除後餘額才是危險承擔金額。

4. 國民生命表：由內政部編制，以全國所有國民為對象，進行死亡率統計而編製的生命表。由於統計樣本為所有國民，因此國民生命表未做任何危險篩選或危險選擇。

5. 壽險業經驗生命表：以整體壽險業界所承保的被保險人為對象，進行死亡率統計而編製的生命表。由於壽險業對於投保案件將進行核保、體檢或拒保等危險篩選措施，因此死亡率數據通常較國民生命表之死亡率低。

三、壽險商品責任準備金提存制度

1. 責任準備金在壽險公司會計報表上為負債科目。

2. 壽險責任準備金採較保守的評價基礎，通常採用較低的預定利率或較高的預定死亡率來評價。

3. 自93年1月1日起計提壽險責任準備金之生命表以「台灣壽險業第四回經驗生命表」為基礎。

4. 95年1月1日起訂定之契約，其純保險費較20年繳費終

身保險為大者，採20年繳費終身保險修正制。

5. 自101年7月1日起新銷售之人壽保險商品，其預定危險發生率，以「台灣壽險業第五回經驗生命表」為基礎，由各公司自行訂定。

6. 自101年7月1日起計提壽險責任準備金之壽險商品，應以「台灣壽險業第五回經驗生命表」為基礎計提。

7. 自101年7月1日起新銷售之年金保險商品，其預定危險發生率，以「台灣壽險業第二回年金生命表」為基礎，由各公司自行訂定，計提責任準備金之生命表應以「台灣壽險業第二回年金生命表」為基礎，並以不超過計算保險費（年金金額）之預定危險發生率為準。

8. 保險業於營業年度屆滿時，應分別依保險種類，計算其應提存之各種責任準備金，記載於特設之帳簿。

圖2-1 近年壽險商品計提責任準備金所依據之生命表

第三回 經驗生命表	93/1/1	第四回 經驗生命表	101/7/1	第五回 經驗生命表

四、人身保險業新契約責任準備金提存利率

金管會保險局對於傳統壽險商品預定利率的監理，主要透過新契約責任準備金提存利率規範。保險局頒佈人身

保險業新契約責任準備金利率自動調整精算公式，主要方向為依繳費期間與負債存續期間訂定不同的責任準備金提存利率。105年12月，除台幣保單外，保險局已開放壽險公司銷售美元、澳幣、歐元與人民幣外幣傳統保單。新台幣保單依照新台幣保單新契約責任準備金利率自動調整精算公式辦理。美元傳統保單需依照人身保險業美元保單新契約責任準備金利率自動調整精算公式之規範辦理，澳幣、歐元或人民幣傳統保單則分別依照澳幣、歐元與人民幣保單新契約責任準備金利率自動調整精算公式之規範辦理。摘錄105年與106年適用的新台幣與美元傳統保單的新契約責任準備金利率規定如下：

表2-1 新台幣保單新契約責任準備金利率摘錄

台幣保單種類/責任準備金提存利率	105年適用	106年適用
躉繳7年期養老保險	1%	0.75%
1~3年繳費終身壽險保單	1.5%	1.25%
6~20年繳費的終身壽險保單	2.25%	2%

資料來源：參酌104與105年責任準備金提存利率規範

表2-2 美元外幣保單新契約責任準備金利率摘錄

美元保單種類/責任準備金提存利率	105年適用	106年適用
躉繳7年期養老保險	1.25%	1%
1~3年繳費終身壽險保單	2%	1.75%
6~20年繳費的終身壽險保單	2.75%	2.5%

資料來源：參酌責任準備金提存利率規範

第四節 考題解析

壹、解釋名詞：

一、大數法則（Law of Large Number）

參考解答：

　　相當數量的樣本，其事件發生的機率將符合一定的法則，例如：被保險人數愈多時，特定年齡之預期死亡率與實際死亡率會相當接近。大數法則之有效發揮，需要符合大量危險單位之集合，而且各危險單位之損失發生頻率與損失發生幅度需要非常接近。

二、死差益（mortality gain or mortality savings）

參考解答：

當壽險商品之實際死亡率低於壽險商品計算保費之預定死亡率時，壽險公司將產生死差益。

三、道德風險因素（Moral Hazard）

參考解答：

指個人不誠實或不正直的行為或企圖，故意促使風險事故發生，以致於引起損失結果或擴大損失程度。諸如：自殺、自殘、縱火、殺害、假裝生病住院與偽照病歷詐領保險金等。[5]

---

5 參袁宗蔚 (1992)，保險學，P.18；廖勇誠 (2013)，人身與財產風險管理概要與考題解析，第二章

四、保險利益（Insurable Interest）

參考解答：

人身保險要保人與被保險人間，需具有親屬家屬關係或經濟上利害關係，保險契約才有效力。因此保險法規範，要保人或被保險人，對於保險標的物無保險利益者，保險契約失其效力。就壽險契約來說，要保人對於下列各人之生命或身體，有保險利益：

1. 本人或其家屬。
2. 生活費或教育費所仰給之人。
3. 債務人。
4. 為本人管理財產或利益之人。

五、淨危險保額（Net Amount at Risk）

參考解答：

淨危險保額為保險金額或身故保障金額扣除保單價值準備金後之餘額。淨危險保額代表壽險公司真正承擔的危險金額，因為保單價值準備金是保費積存金，概念上屬於保戶的儲蓄金額概念，扣除後餘額才是危險承擔金額。

六、自然保險費（Natural premium）與平準保險費（Level premium）

參考解答：

1. 自然保險費：壽險公司依照當年度壽險給付責任所計

算出來的保險費金額，該保險費金額將隨著年齡增加而遞增；因此年齡愈高，保費持續攀升。

2. 平準保險費：由於民眾青壯年階段的繳費能力與負擔能力較高，並且為了簡化保費繳費作業，壽險公司透過精算專業預估長期壽險契約未來的給付現值後，計算出各期應收取的相等金額保險費。

七、豁免保險費（waiver of premlum）

參考解答：

指壽險商品約定被保險人發生意外或疾病所致殘廢、重大疾病或特定傷病等事故時，要保人或其他利害關係人可以不須再繳納未來各期應繳保險費，保險契約效力持續有效。

八、「主力近因」（Proximate cause）原則

參考解答：

辦理人身保險商品理賠時，應依照損失發生的主要且直接之事故原因，作為壽險公司評估是否理賠以及計算理賠金額之依據，例如：被保險人因為意外車禍而身故，意外險必須理賠，因為事故原因符合意外事故定義。

九、請個別解釋下列名詞，並對其相互關係作一描述。

保障金額（Amount of Insurance），危險金額（Amount

at Risk），法定準備金（Legal Reserve），現金價值
（Cash Value），解約金（Surrender Value）。

參考解答：

1. 身故保障金額：保險事故發生時，壽險公司應給付的
   身故理賠金額。

2. 危險金額(淨危險保額)：指保險金額或身故保障金額
   扣除保單價值準備金後之餘額。

3. 保單價值：即是保單價值準備金；保單價值準備金金
   額的評價，是依照壽險商品精算保費所採用的死亡率
   與預定利率評價。

4. 現金價值：現金價值與解約金金額相同，現金價值為
   保單價值扣除解約費用。

5. 法定準備金：壽險責任準備金通常採較保守的評價基
   礎評價；壽險公司通常依照較低的預定利率或較高的
   預定死亡率來評價壽險責任準備金，因此法定準備金
   金額通常高於保單價值或解約金。

**十、小王購買一張終身壽險保單，其繳納保費方式按年
繳平準保費（level premium），此方式是：**

(1) 每年的保費固定不變

(2) 每年的保費遞增

(3) 每年的保費遞減

(4) 以上皆非

參考解答：(1) ～作者補充考題

十一、小陳計算某一張終身壽險的保單面額(保險金額)與該保單上年度末責任準備金的差額。請問小陳所計算的金額是此保單的？

(1)總保費(gross premium)

(2)解約費用(surrender charge)

(3)淨危險保額(net amount at risk)

(4)自留額(retention limit)

參考解答：(3) ～作者補充考題

十二、李瑟計算某一張終身壽險的保單面額(保險金額)與該保單上年度末責任準備金的差額。請問李瑟所計算的金額是此保單的

(1)總保費(gross premium)

(2)解約費用(surrender charge)

(3)淨危險保額(net amount at risk)

(4)自留額(retention limit)

參考解答：(3)

● 淨危險保額之概念為理賠金額扣除客戶的保費本利和(準備金)概念，為保險公司額外承擔之死亡給付額度。

十三、同一種類大量相同保單所累積的基金淨額，按照

每千元比例基礎加以分配時，其個別保單估計所能配屬的數額，稱為：

(1)保單價值準備金

(2)資產額份

(3)修正制責任準備金

(4)保單責任準備金

參考解答：(2)

十四、目前有關傳統人壽保險費率之規範，下列何者正確？

(1)預定死亡率以臺灣壽險業第四回經驗生命表為基礎計提責任準備金

(2)預定利率由各公司依險種特性、過去資金運用績效及社會經濟發展等因素自行訂定

(3)預定費用率依純保費按不同險種之不同標準比率計算

(4)預定投資率由各公司依資金準備及未來投資規劃等因素自行訂定

參考解答：(2)

●101年7月開始依照第五回經驗生命表之死亡率為基礎。

貳、問答題或簡答題：

一、何謂經驗生命表（Experience life table）？並敘述

目前我國保險監理機關對壽險公司在適用經驗生命表之相關規定。

參考解答：

1. 壽險業經驗生命表：以整體壽險業界所承保的被保險人為對象，進行死亡率統計而編製的生命表。由於壽險業對於投保案件將進行核保、體檢或拒保等危險篩選措施，因此死亡率數據通常較國民生命表之死亡率低。

2. 我國保險監理機關對壽險公司在適用經驗生命表之相關規定：

   (1) 自101年7月1日起新銷售之人壽保險商品，其預定危險發生率，以「台灣壽險業第五回經驗生命表」為基礎由各公司自行訂定。

   (2) 自101年7月1日起計提壽險責任準備金之壽險商品，應以「台灣壽險業第五回經驗生命表」為基礎計提。

   (3) 自101年7月1日起新銷售之年金保險商品，其預定危險發生率，以「台灣壽險業第二回年金生命表」為基礎由各公司自行訂定，計提責任準備金之生命表應以「台灣壽險業第二回年金生命表」為基礎，並以不超過計算保險費（年金金額）之預定危險發生率為準。

二、說明釐訂壽險費率之主要三元素及其與保費之關係。另說明"自然保費（Natural Premium）"及"平準保費（Level Premium）"之特色，同時再說明目前國內個人壽險商品較常使用之類型。

參考解答：

1. 釐訂壽險費率之主要三元素及其與保費之關係
   (1) 預定死亡率：死亡率愈高，預期死亡給付會愈高，保費將愈貴。（與保費成正比）
   (2) 預定利率：預定利率愈低，保單預定利息收入愈低或保單折現率愈低，保費將愈貴。（與保費成反比）
   (3) 預定營業費用率：費用率愈高，需要收取的費用就愈高，保費將愈貴。（與保費成正比）

2. "自然保費（Natural Premium）"及"平準保費（Level Premium）"之特色
   (1) 自然保險費：壽險公司依照當年度壽險給付責任所計算出來的保險費金額，該保險費金額將隨著年齡增加而遞增；因此年齡愈高，保費持續攀升。
   (2) 平準保險費：由於民眾青壯年階段的繳費能力與負擔能力較高，並且為了簡化保費繳費作業，壽險公司透過精算專業預估長期壽險契約未來的給付現值後，計算出各期應收取的相等金額保險費。

3. 目前國內的壽險保單皆採取平準保費方式繳納，較能

配合民眾的收支型態而且可以簡化保費繳費作業，更可持續累積保單價值準備金，同時提供保障與儲蓄的保險功能。

三、何謂「自然保費」（Natural Premium）及「平準保費」（Level Premium）？對投保人有何影響？又人壽保險「保險費積存準備金」（premium reserve）之意義為何？與前述保費有何關聯，請輔以圖示詳細說明之。

參考解答：

1. 自然保險費：壽險公司依照當年度壽險給付責任所計算出來的保險費金額，該保險費金額將隨著年齡增加而遞增；因此年齡愈高，保費持續攀升。

2. 平準保險費：由於民眾青壯年階段的繳費能力與負擔能力較高，並且為了簡化保費繳費作業，壽險公司透過精算專業預估長期壽險契約未來的給付現值後，計算出各期應收取的相等金額保險費。

3. 對投保人有何影響：由於被保險人年齡愈高，自然保費持續攀升，尤其對於高年齡層，自然保費金額驟增，讓高年齡保戶難以負擔保費。因此，國內的壽險保單皆採取平準保費方式繳納，較能配合民眾的收支型態而且可以簡化保費繳納作業，更可持續累積保單價值準備金，同時提供保障與儲蓄的保險功能。

4. 保單價值準備金金額之評價，是依照壽險商品精算保

費所採用的死亡率與預定利率進行評價。

5. 由於保戶採取平準保費方式預繳保費，保戶年輕時期多繳保費，壽險公司將依照預定利率等變數累積保單價值準備金，因此採平準保費繳費模式，其實是保單累積保單價值準備金的主要來源之一。繪圖如下說明：

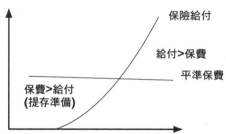

四、比較國民生命表與經驗生命表之區別；並說明其對壽險公司經營之影響。

參考解答：

1. 國民生命表：由內政部編制，以全國所有國民為對象，進行死亡率統計而編製的生命表。由於統計樣本為所有國民，因此國民生命表未做任何危險篩選或危險選擇。

2. 壽險業經驗生命表：以整體壽險業界所承保的被保險人為對象，進行死亡率統計而編製的生命表。由於壽險業對於投保案件將進行核保、體檢或拒保等危險篩選措施，因此死亡率數據通常較國民生命表之死亡率

低。

3. 實施經驗生命表，對於壽險公司經營之影響：

(1)經驗生命表影響壽險公司經營甚鉅，包含保費計算、責任準備金提存、保單價值準備金提存與利潤測試各方面，都與經驗生命表的死亡率數據攸關。因此經驗生命表更換，也連帶造成壽險公司商品更換與準備金提存變更。

(2)保費方面：經驗生命表之死亡率高估，將導致壽險商品保費變貴；保費過高可能影響客戶投保意願或削弱商品報酬率。相反的，死亡率低估，雖然壽險商品保費變低，但可能因而造成壽險公司未來身故理賠金額大幅增高，理賠率居高不下，反而造成公司未來虧損與經營危機。

(3)責任準備金提存方面：經驗生命表的死亡率數據，將影響責任準備金提存，壽險業責任準備金提存太多，公司獲利將縮減；相反的，責任準備金提存太低，公司當期獲利雖高估，但未來責任準備金提存不足問題，將衝擊壽險業的清償能力。

五、人壽保險與產物保險的保費計算基礎，其分別有那三種主要考量的"比率或指標"，請簡述之。

參考解答：

1. 人壽保險保費的計算基礎

人壽保險保險費包括純保險費、附加保險費兩部份，主要以下列三項變數為計算基礎。

(1)預定死亡率：死亡率愈高，預期死亡給付會愈高，保費將愈貴。（與保費成正比）

(2)預定利率：預定利率愈低，保單預定利息收入愈低或保單折現率愈低，保費將愈貴。（與保費成反比）

(3)預定營業費用率：費用率愈高，需要收取的費用就愈高，保費將愈貴。（與保費成正比）

2. 財產保險保費的計算基礎

財產保險保險費包括純保險費、附加保險費兩部份，主要以下列幾項變數為計算基礎。

(1)預期損失率：預期損失率愈高，預期理賠金額愈高，保費將愈貴。（損失率與保費成正比）

(2)預期損失幅度：預期損失幅度愈高，預期理賠金額愈高，保費將愈貴。（損失幅度與保費成正比）

(3)附加保險費：預定附加費用愈高，需要收取的費用就愈高，保費將愈貴。（與保費成正比）

(4)加減費因素調整：產險商品的費率常訂有加減費調整因素，以便能更公平地決定費率或保費金額。

六、請分析壽險保單責任準備金與壽險保單價值準備金的差別性。

參考解答：

列表說明如下：

項目	壽險保單價值準備金	壽險保單"責任"準備金
評價基礎	依照壽險商品精算保費所採用的預定死亡率與預定利率評價	依照較低的預定利率或較高的預定死亡率評價
金額高低	相對上，提存金額通常較責任準備金低	評價基礎較保守，因此提存金額較高
主要用途	保戶辦理相關保戶服務時使用，例如：辦理解約、保單貸款、墊繳保費、減額繳清、契約轉換與贖回的財源	壽險公司為符合主管機關之財會制度要求，必須依規範提存責任準備金，以確保公司清償能力
主要使用對象	保戶	主管機關

七、試述分類保險費（classified premium）與均一保險費（flat premium）之意義及其與社會公平、精算公平之關係。

參考解答：

1. 分類保險費：針對不同危險等級的被保險人，進一步釐訂差別化的費率或保費，以反應不同危險等級的危險高低差異。例如：傷害險針對不同職業等級的被保險人提供不同的費率，職業等級愈高、危險愈高、保險費率也愈貴。分類保險費制度可以將被保險人進一步區分為不同的危險等級，以便精算出較公平的保險費率；此外分類保險費可以避免要保人或被保險人之逆選擇，避免高危險等級保戶偏好投保該商品之情

形。

2. 均一保險費：針對不同危險等級的被保險人，給予相同的費率，因此並未針對不同危險等級的被保險人，釐訂差別化的費率。例如：勞工保險或全民健康保險，並未針對被保險人區分出不同的危險等級並釐訂差異化費率，因此不符合精算公平，但符合社會公平或社會適當性。然而均一保險費制度無法避免要保人或被保險人之逆選擇，因而可能導致高危險等級保戶偏好投保，造成損失經驗惡化。

註：從題目可看到社會公平文字，因此本題建議均一保險費從社會保險角度切入回答。

八、就人壽保險經營言，為何要提存保險費積存金（premium reserve）？理由何在？

參考解答：

壽險公司應依法提存保險費積存金之理由分析如下：

1. 從保險費積存金之來源探討：保險費積存金屬於保戶預收保費的儲蓄概念，因此壽險公司應依法提存保險費積存金，而非列為公司獲利或收益。

2. 從保險費積存金是未來保險給付來源探討：保險費積存金屬於保戶預收保費的儲蓄概念，目的是作為未來保險給付超過所繳保費的缺口彌補。若無保險費積存金，壽險公司將因未來無法依約支付保險給付而失去

清償能力或虧損累累，因而造成經營危機。

3. 從壽險商品的儲蓄功能或投資功能角度探討：壽險商品儲蓄或投資功能強，累積許多儲蓄保費、保單價值準備金或投資帳戶價值，這些是保戶之儲蓄或投資資金，以供未來生存保險金、滿期保險金、年金給付、身故保險金、解約、贖回或提領之用。

第三章 人壽保險商品概要與條款解析
第一節 傳統壽險商品概要

一、人身保險在個人理財上之功能[6]

1. 可使個人理財或資產配置無後顧之憂
2. 可降低醫療看護支出負擔
3. 可透過年金保險滿足退休生活所需
4. 可透過投資型保險滿足民眾投資與保障需求
5. 可透過儲蓄型保險滿足中長期儲蓄與保障需求
6. 可透過人身保險規劃，享有相關稅惠

二、生涯規劃與人身保險商品需求

　　隨著年齡的增長，家庭成員、事業發展與經濟負擔也隨著變化，此時保戶的人身保險商品需求自然也必須隨著變化。摘錄要點如下：

表3-1　生涯規劃與人身保險商品需求

期間	學業/事業	家庭型態	主要資產與需求	保險需求
孩童期 0-15歲 探索期 15-24歲	幼稚園、國小國中、高中、大學或研究所、服兵役	以父母為重心	1.活存、定存 2.節省開支	父母為子女購買基本壽險與健康險、傷害險
建立期 25-34歲	社會新鮮人	結婚生子	1.小額儲蓄與投資 2.節省開支	基本壽險、醫療、傷害險保障

---

6 參風險管理學會，人身風險管理與理財，P.103~107 與廖勇誠，人身與財產風險管理概要與考題解析，P.82-83

期間	學業/事業	家庭型態	主要資產與需求	保險需求
穩定期 35~44歲	初階管理者	小孩上托兒所或小學	1.購屋、貸款 2.教育費用、生活費用	房貸壽險、保障型終身壽險、分期繳儲蓄型商品與投資型商品
維持期 45~54歲	中階管理者、資深幕僚或主管	子女就學(國中、高中或大學)	1.退休金儲蓄與投資 2.償還貸款、換屋或購屋	年金保險、儲蓄保險、投資型保險、長期醫療保險
空巢期 55~64歲	高階管理者、資深主管	兒女就業或成家後搬出	1.已累積許多財富 2.多元化資產配置	年金保險、儲蓄保險、投資型保險與長期醫療保險
養老(退休)期 65歲後	經驗傳承、旅遊、社團	兒女成家、含飴弄孫	1.退休生活 2.穩健儲蓄與投資	躉繳年金、躉繳儲蓄險與保險金信託

資料來源：參酌與修訂自風險管理學會(2001)與Hallman & Jerry(1993)

三、傳統壽險商品基本分類

　　依保險法第101條，人壽保險商品為人壽保險人於被保險人在契約規定年限內死亡，或屆契約規定年限而仍生存時，依照契約負給付保險金額之責。關於人壽保險之基本分類，可列述如下：

1. 人壽保險依保險事故，可區分為死亡保險、生死合險(養老保險)、生存保險。

　(1)死亡保險：死亡保險提供被保險人終身或特定期間內的身故全殘保障，而且死亡保險契約並未包含任何生存保險金或滿期保險金等生存給付內容，例

如：平準終身壽險或增額終身壽險。

(2)生死合險或養老保險：生死合險提供被保險人終身或特定期間內的身故全殘保障，而且契約包含生存保險金或滿期保險金等生存給付內容，例如：二十年期養老保險或終身還本壽險。

(3)生存保險：生存保險於被保險人在特定期間屆滿仍然生存時，依約定給付生存保險金或滿期保險金，但壽險契約並未包含身故給付保障內容，例如：十年期生存保險。

2. 人壽保險依契約期間可區分為終身壽險與定期壽險。

(1)終身壽險(保障型、無還本)：保障型的終身壽險提供被保險人終身身故或全殘保障；若被保險人身故或全殘，壽險公司依約定給付身故全殘保險給付。一般壽險學理上所述之終身壽險，指的是純保障型平準終身壽險。

(2)終身還本保險(還本型)：終身還本保險除了提供被保險人終身身故或全殘保障外，另外提供生存保險金等生存給付，讓保戶同時享有終身保障與定期還本。

(3)定期壽險(保障型、無還本)：定期壽險提供被保險人特定期間內的身故全殘保障；若被保險人在期間內身故或全殘，壽險公司依約定給付身故全殘保險給付。一般壽險學理上所述之定期壽險，指的是純

保障型平準定期壽險。

(4)定期壽險(還本型)：除提供被保險人特定期間內的
身故全殘保障外，另外提供生存保險金或滿期保險
金等生存給付，讓保戶同時享有定期保障與儲蓄。
一般壽險學理上所述之養老保險或儲蓄保險，通常
為涵蓋定期身故全殘保障與滿期領回滿期保險金的
壽險商品。

表3-2　定期壽險、終身壽險與養老保險商品特色比較

險種	保障型態	優缺點	適合投保之族群
定期壽險 Term Life	●提供特定期間內的身故全殘保障 ●保障期間內並無生存保險金或滿期保險金	●優點：保費低、保障高 ●缺點：無生存還本、無終身保障、解約金低	●社會新鮮人、新婚族群 ●家庭經濟重擔 ●房貸族、信貸族
終身壽險 Whole Life	●提供終身的身故全殘保障 ●保障期間內並無生存給付	●優點：終身保障、解約金穩定成長 ●缺點：保費較定期保險貴，儲蓄性功能弱於養老保險	●有一定收入或資歷的上班族 ●喪葬費用與遺產規劃族群 ●終身保障族群與強迫儲蓄族群
養老保險 Endowment	●提供特定期間內身故全殘保障	●優點：滿期領回多、儲蓄功能強、契約期間較短	●中高齡族群 ●定期儲蓄族群 ●已有基本保障族群

險種	保障型態	優缺點	適合投保之族群
	●保障期滿被保險人仍生存，可領取滿期保險金	●缺點：保費最貴、保障低、通常無終身保障	

四、依照分紅與否區分，可分為分紅保單與不分紅保單

1. 依據主管機關規範，81年至91年壽險業界銷售的壽險商品，都包含紅利分配項目，通稱為強制分紅保單。這段時期的強制分紅保單，依照指定銀行二年定儲利率平均值扣除預定利率計算利差分紅金額，並依照整體壽險業去年度實際經驗死亡率計算死差分紅金額。[7]

2. 自92年起，壽險業可銷售不分紅人壽保險單或分紅保單。分紅保單之紅利分配應根據該公司分紅保險單的實際經營狀況，以保單計算保險費所採用之預定附加費用率、預定利率及預定死亡率為基礎，依保險單之分紅公式，計算分配的保險單紅利金額。[8]

3. 美式分紅保單保戶通常具有以下的紅利選擇權：

   (1)現金給付：保單紅利以現金給付。

---

7 過去的高預定利率保單，由於預定利率高於二年定儲利率，因此計算後都為利差損；因此，雖有死差益，但由於死差利差紅利互抵，一正一負互抵後，所以很多保單不須分紅。

8 實務上，由於分紅保單之紅利分配金額需要符合中分紅或可能紅利金額，否則將衝擊客戶投保意願並需向主管機關提出具體改善措施，因此分紅保單之紅利分配金額並無法真正依照壽險公司經營實績分紅。

(2)增額繳清保險：保單紅利用來購買繳清保險，以增加保險金額。

(3)抵繳保費：保單紅利用來抵繳續期保費，因此可以降低續期應繳之保險費金額。

(4)儲存生息：保單紅利金額存放於壽險公司，並依照分紅利率儲存生息。

4. 壽險業除了美式分紅保單外，也有壽險公司推出英式分紅保單；英式分紅保單客戶無法選擇現金給付、抵繳保費或儲存生息，因為保單透過類似增額繳清保險模式，定期累積保險金額與保單價值準備金。英式分紅保單同樣明訂契約的分紅利率、保戶與公司分紅比例，並訂有多項的分紅項目，例如：增額分紅保額、額外分紅保額或滿期紅利等項目。

表3-3 強制分紅保單、分紅保單與不分紅保單之特色比較

項目/商品別	強制分紅保單	分紅保單	不分紅保單
紅利來源	死差益、利差益 *死差利差紅利互抵	死差益、利差益、費差益	無分紅
利差益計算	以三行庫二年定儲利率平均值扣除預定利率計算	依照該商品分紅帳戶之實際投資報酬率扣除預定利率計算	預定利率不似分紅保單保守，因此保費較低
死差益計算	依照整體壽險業去年度實際經驗死亡率計算	依照該商品預定死亡率扣除實際死亡率計算	預定死亡率不似分紅保單保守，因此保費較低

項目/商品別	強制分紅保單	分紅保單	不分紅保單
盈餘分配	依公式分紅，與實際獲利金額無關	● 依照分紅保單盈餘金額分配 ● 保戶至少可分配7成獲利	若有獲利，均歸屬於壽險公司盈餘
適合族群	期望年年領取紅利客戶	期望年年領取紅利與儲蓄的客戶	希望保費低廉且保額較高的客戶

五、外幣保單與新台幣保單

依照壽險保單的保費繳付與各項給付之幣別分類，可分為外幣保單與新台幣保單。外幣保單之保費、解約金、保單貸款或保險給付皆以外幣收付。隨著民眾多元化幣別理財需求後，外幣保單已愈來愈受到民眾的青睞。外幣傳統壽險商品與台幣收付的傳統壽險商品，差異如下：

1. 預定利率與費用率等保單精算基礎不同：外幣保單責任準備金提存利率與台幣保單不同，因此預定利率不同；另外外幣保單之費用率等精算假設，與台幣保單仍存有落差，因而存有不同的給付內容與費率。

2. 匯款費用負擔：外幣保單保戶可能需負擔。

3. 匯率風險承擔：外幣保單保戶需負擔匯率波動風險。

4. 保險給付與款項：外幣保單以外幣支付滿期金、生存金、身故保險金、保單貸款或解約金等各項給付或款項。

六、微型保險

微型保險為針對經濟弱勢被保險人所提供之專屬基本保障商品。由於微型保險之保障內容為一年期定期壽險、傷害險或實支實付傷害醫療險，而且保險金額低，因此保費也相當低廉。經濟弱勢被保險人包含年收入偏低[9]、原住民、漁民、身心障礙者與農民健康保險被保險人等族群。通常微型保險商品具有以下特質：

1. 商品僅提供經濟弱勢被保險人「基本」的保障，例如：50萬元身故保障，3萬元之醫療保障。
2. 商品以一年期傳統型定期人壽保險、一年期傷害保險或一年期實支實付傷害醫療險為主。
3. 商品設計簡單，僅承保單一保險事故。
4. 商品內容不含有生存或滿期給付之設計。

七、優體壽險 [10]

優體壽險進一步依據被保險人是否有吸菸經驗、健康狀況、病史與生活方式等因素，對於死亡率風險作更精確評估，並對於符合優良體體位核保標準之被保險人，適用較低的人壽保險費率承保。優體壽險商品具有以下特質：

1. 商品種類可能包含傳統型定期人壽保險、終身人壽保險、萬能壽險與投資型人壽保險。

---

9 依照 103 年人身保險業辦理優體壽險業務應注意事項，全年個人所得低於 35 萬或夫妻二人所得低於 70 萬符合低收入之標準。

2. 死亡率風險以吸菸體及非吸菸體為主要分類基礎。

3. 商品內容不含有生存或滿期給付之設計。

4. 訂定嚴謹且一致性之核保標準：為確保核保作業之獨立與客觀，壽險業應訂定嚴謹且一致性之體位核保規範與分類標準，諸如：優體體位須符合年滿十八歲以上、標準體且非吸菸體等要件。

八、簡易人壽保險

簡易人壽保險主要由中華郵政公司依據簡易人壽保險法經營，主要透過郵局的櫃台人員或服務人員銷售。通常

---

10 依照人身保險業辦理優體壽險業務應注意事項，同一壽險商品之吸菸體體位等級不得超過二種，非吸菸體體位等級不得超過三種。此外，人身保險業銷售優體壽險商品時，應依下列規定辦理：

1. 商品簡介及銷售廣告應揭露判定優體體位之主要核保項目，及被保險人可能適用其他體位費率之效果説明。

2. 要保書、商品簡介及銷售廣告應記載以下提示警語：
   (1) 只有當被保險人通過判定優體體位之必要核保程序，並經保險公司為同意承保之意思表示後，始能適用優體費率。
   (2) 未於要保書誠實告知被保險人吸菸史、吸菸現況及其他足以影響承保費率之決定等重要事實者，保險公司得解除契約。

3. 人身保險業及其招攬人員於銷售優體壽險商品時，不得有下列行為：
   (1) 不當唆使有效契約保戶終止契約，或以契約轉換及其他方式投保，致保戶權益受損者。
   (2) 故意隱匿其他體位費率，僅提供優體費率或標榜最低費率為不當之招攬者。
   (3) 與其他人身保險業之優體壽險商品作費率或核保項目、標準之不當比較者。
   (4) 未經核保程序即向消費者承諾可適用優體費率，為不當之招攬者。

簡易人壽保險以低保額、免體檢、免核保且月繳等簡易模式經營銷售。

九、團體保險

團體保險承保對象為員工數或成員數超過5人的公司、組織或機構。團體保險以一張保單，承保一個團體所有成員。團體保險依據整個團體的性別與年齡等因素評估費率，未來並採取經驗費率方式，定期調整保費水準。如果過去年度理賠經驗不佳，將影響未來該團體適用的保險費率；反之，如果過去年度理賠經驗良好，則保險公司將透過經驗退費方式，返還部分保費並調降未來適用的保險費率。另外受限於企業預算與團體需求，台灣的團體保險以一年期保險為主軸，普遍無長年期保險商品之設計、也無儲蓄還本的設計。

團體保險的保費繳納多採取薪資扣繳方式，公司付費之團體保險保費由公司負擔、並以員工為被保險人及員工家屬為受益人。公司付費團體保險之給付除可抵充雇主責任外，更可增進員工福利。另外，員工自費投保的團體保險，可由員工依個人或家庭保障需求，自由選擇是否投保以及投保方案別，且多透過每月員工薪資扣繳方式繳納保費。

第二節 傳統不分紅人壽保險示範條款摘錄與說明[11]

保險契約的構成

第一條

本保險單條款、附著之要保書、批註及其他約定書,均為本保險契約的構成部分。

本契約的解釋,應探求契約當事人的真意,不得拘泥於所用的文字;如有疑義時,以作有利於被保險人的解釋為原則。

說明:

1. 保險單條款、要保書、批註及其他約定文件,都屬於保險契約。
2. 保險契約有疑義時,應作有利於被保險人的解釋為準;可見本條文依循保險法第54條規定。

契約撤銷權

第二條

要保人於保險單送達的翌日起算十日內,得以書面檢同保險單向本公司撤銷本契約。

---

11 參陳明哲 (2011),人身保險,第七章;壽險公會 (2012),人身保險業務員資格測驗統一教材;壽險管理學會 (2011),人壽保險;並另參考壽險業商品條款與作業規範

要保人依前項規定行使本契約撤銷權者，撤銷的效力應自要保人書面之意思表示到達翌日零時起生效，本契約自始無效，本公司應無息退還要保人所繳保險費；本契約撤銷生效後所發生的保險事故，本公司不負保險責任。但契約撤銷生效前，若發生保險事故者，視為未撤銷，本公司仍應依本契約規定負保險責任。

說明：

1. 契約撤銷權之意義：壽險保單為定型化契約、附和性契約與長期契約，投保適切保險十分重要。為保障保戶權益，避免客戶因不瞭解或不當行銷而投保，因此給予要保人契約撤銷權。

2. 契約撤銷權行使時限：要保人可在保單送達的翌日起算10日內，行使契約撤銷權。

3. 契約撤銷權行使前效力：若被保險人在契約撤銷生效前身故，壽險公司仍須負擔保險理賠責任。

4. 契約撤銷權行使後效力：依據民法第114條，法律行為經撤銷者，視為自始無效。

5. 要保人行使契約撤銷權後，壽險公司應無息退還所繳保費予要保人。

6. 補充：要保人投保前，另外擁有至少三天的保單審閱期(保險契約事先審閱期間)。

保險責任的開始及交付保險費

第三條

本公司應自同意承保並收取第一期保險費後負保險責任，並應發給保險單作為承保的憑證。

本公司如於同意承保前，預收相當於第一期保險費之金額時，其應負之保險責任，以同意承保時溯自預收相當於第一期保險費金額時開始。

前項情形，在本公司為同意承保與否之意思表示前發生應予給付之保險事故時，本公司仍負保險責任。

說明：

1. 保險責任開始：同意承保時溯自繳納保費時開始生效。
2. 若壽險公司在尚未做出同意承保決定前，被保險人發生保險事故，仍應負賠償責任。

第二期以後保險費的交付、寬限期間及契約效力的停止

第五條

分期繳納的第二期以後保險費，應照本契約所載交付方法及日期，向本公司所在地或指定地點交付，或由本公司派員前往收取，並交付本公司開發之憑證。第二期以後分期保險費到期未交付時，年繳或半年繳者，自催告到達翌日起○○日（不得低於三十日）內為寬限期間；月繳或季繳

者，則不另為催告，自保險單所載交付日期之翌日起○○日（不得低於三十日）為寬限期間。

約定以金融機構轉帳或其他方式交付第二期以後的分期保險費者，本公司於知悉未能依此項約定受領保險費時，應催告要保人交付保險費，自催告到達翌日起○○日（不得低於三十日）內為寬限期間。

逾寬限期間仍未交付者，本契約自寬限期間終了翌日起停止效力。如在寬限期間內發生保險事故時，本公司仍負保險責任。

說明：

1. 訂定寬限期間之理由：考量壽險契約為長期契約而且儲蓄功能強，若因保戶一時的逾期繳費，就導致契約停止效力，對保戶保障顯然不利，也違背最大誠信契約之理念。因此壽險契約訂立寬限期間，提供保戶繳納保費的融通期間。

2. 寬限期間：

   (1)年繳、半年繳：催告到達日後30天內。

   (2)季繳、月繳(現金繳費等自行繳費方式)：應繳日後30天內。

   (3)季繳、月繳(自動轉帳扣款等約定)：催告到達日後30天內。

3. 被保險人在寬限期間內發生保險事故，壽險公司仍應

負擔理賠責任，不可因為保費超過應繳日未繳而拒賠。

4. 逾寬限期間仍未交付保費，壽險契約效力停止(停效)；停效期間被保險人發生保險事故，壽險公司不負賠償責任。要保人與被保險人可在二年之內辦理復效(恢復保單效力)，但需要補繳停效期間的保單價值準備金。

保險費的墊繳及契約效力的停止

第六條

要保人得於要保書或繳費寬限期間終了前以書面聲明，第二期以後的分期保險費於超過寬限期間仍未交付者，本公司應以本契約當時的保單價值準備金（如有保險單借款者，以扣除其借款本息後的餘額）自動墊繳其應繳的保險費及利息，使本契約繼續有效。但要保人亦得於次一墊繳日前以書面通知本公司停止保險費的自動墊繳。墊繳保險費的利息，自寬限期間終了的翌日起，按墊繳當時○○○○○○的利率計算（不得超過本保單辦理保單借款的利率）。

前項每次墊繳保險費的本息，本公司應即出具憑證交予要保人，並於憑證上載明墊繳之本息及本契約保單價值準備金之餘額。保單價值準備金之餘額不足墊繳一日的保險費且經催告到達後屆三十日仍不交付時，本契約效力停止。

說明：

1. 若續期保險費超過寬限期間仍未交付，保戶可要求壽險公司以當時的保單價值準備金自動墊繳其應繳的保險費及利息，使保險契約繼續有效。通常要保人需在要保書勾選同意自動墊繳或在寬限期間終了前，以書面聲明同意自動墊繳。

2. 自動墊繳依照保單價值準備金按日墊繳保費，概念上類似向壽險公司辦理保單貸款，保戶需要負擔利息；自動墊繳保費後，該保單之保單價值準備金將扣除墊繳保費本息。

3. 保單價值準備金不足墊繳且催告到達後30天內仍不繳費，契約效力停止(停效)。

4. 停效期間被保險人發生保險事故，壽險公司不負賠償責任。要保人與被保險人可在二年之內辦理復效(恢復保單效力)，但需要補繳停效期間的保單價值準備金與墊繳保費本息。

契約效力的恢復

第七條

本契約停止效力後，要保人得在停效日起〇〇年內（不得低於二年），申請復效。但保險期間屆滿後不得申請復效。

要保人於停止效力之日起六個月內提出前項復效申請，並

經要保人清償保險費扣除停效期間的危險保險費後之餘額及按○○○○○○計算之利息（不得超過本契約辦理保險單借款之利率）後，自翌日上午零時起，開始恢復其效力。

要保人於停止效力之日起六個月後提出第一項之復效申請者，本公司得於要保人之復效申請送達本公司之日起○○日（不得超過五日）內要求要保人提供被保險人之可保證明。要保人如未於○○日（不得低於十日）內交齊本公司要求提供之可保證明者，本公司得退回該次復效之申請。

被保險人之危險程度有重大變更已達拒絕承保程度者，本公司得拒絕其復效。

本公司未於第三項約定期限內要求要保人提供可保證明，或於收齊可保證明後○○日（不得高於十五日）內不為拒絕者，視為同意復效，並經要保人清償第二項所約定之金額後，自翌日上午零時起，開始恢復其效力。

要保人依第三項提出申請復效者，除有同項後段或第四項之情形外，於交齊可保證明，並清償第二項所約定之金額後，自翌日上午零時起，開始恢復其效力。

本契約因第六條第二項或第二十三條約定停止效力而申請復效者，除復效程序依前六項約定辦理外，要保人清償保險單借款本息與墊繳保險費及其利息，其未償餘額合計不得逾依第二十三條第一項約定之保險單借款可借金額上限。

第一項約定期限屆滿時，本契約效力即行終止，本契約若累積達有保單價值準備金，而要保人未申請墊繳保險費或變更契約內容時，本公司應主動退還剩餘之保單價值準備金。

說明：

1. 保單因為逾寬限期間保費未繳催告後仍不繳費、保單價值準備金不足墊繳且催告後仍不繳費、保單貸款本息超過保單價值準備金且通知後仍不還款，保險契約停止效力；但保戶可在半年內，不需提出可保證明文件，即可辦理復效，壽險公司不得拒絕保戶的復效申請。另外若超過半年且在二年內，才申請復效，則需提出可保證明文件，例如：提出體檢報告與病歷資料，並經壽險公司審查後，才可辦理復效；因此壽險公司可以不同意保戶的復效申請。

2. 停效六個月內辦理復效(簡單復效)：不需提出可保性證明即可復效。

3. 停效六個月後~二年內辦理復效(核保復效)：保戶需提出可保性證明；若被保險人體況不佳或不同意壽險公司提出之特別承保條件，壽險公司可拒絕其復效申請。

4. 辦理復效，保戶需要補繳停效期間的儲蓄保費並加計利息，概念上即為補繳保單價值準備金差額。

告知義務與本契約的解除

第八條

要保人在訂立本契約時，對於本公司要保書書面詢問的告知事項應據實說明，如有故意隱匿，或因過失遺漏或為不實的說明，足以變更或減少本公司對於危險的估計者，本公司得解除契約，其保險事故發生後亦同。但危險的發生未基於其說明或未說明的事實時，不在此限。

前項解除契約權，自本公司知有解除之原因後，經過一個月不行使而消滅；或自契約訂立後，經過二年不行使而消滅。

說明：

1. 不可抗辯條款之精神或目的：限期內確認保險契約當事人之權利義務關係。

2. 本條依據為保險法第64條。告知不實之法律學理：危險估計說＋因果關係說；包含足以變更或減少壽險公司對於危險的估計而且危險的發生，係屬於其說明或未說明的事實。

3. 壽險契約僅要求要保人與被保險人在訂立契約時就書面詢問事項，應盡告知義務；並未要求辦理復效時，需要善盡告知義務。

4. 對於業務人員之口頭詢問或非要保書告知事項之詢問與回覆，原則上不須適用不可抗辯條款。

5. 壽險公司行使解除權之期間限制(除斥期間)：訂立契約後二年內或知悉後一個月內。

6. 壽險公司解除契約後，壽險契約效力追溯至訂立契約時消滅，而且壽險公司無須退還保戶累積所繳保費。

7. 補充：解除契約並非是解約，兩者效力不同，解約的法律名詞為終止。

契約的終止

第九條

要保人得隨時終止本契約。

前項契約之終止，自本公司收到要保人書面通知時，開始生效。

要保人保險費已付足達一年以上或繳費累積達有保單價值準備金而終止契約時，本公司應於接到通知後一個月內償付解約金。逾期本公司應加計利息給付，其利息按給付當時○○○○的利率（不得低於年利率一分）計算。本契約歷年解約金額例表如保單附表。

說明：

1. 保險人不可任意終止保險契約。

2. 傳統壽險保單價值準備金，要保人可以選擇以下運用方式：

   (1)解約：解約之法律名詞為終止，並非解除契約。

(2)減少保額(部分解約)

(3)減額繳清保險

(4)展期定期保險

(5)自動墊繳保費

(6)保單貸款

保險事故的通知與保險金的申請時間

第十條

要保人或受益人應於知悉本公司應負保險責任之事故後○○日（不得少於五日）內通知本公司，並於通知後儘速檢具所需文件向本公司申請給付保險金。

本公司應於收齊前項文件後○○日（不得高於十五日）內給付之。但因可歸責於本公司之事由致未在前述約定期限內為給付者，應按年利一分加計利息給付。

說明：

1. 本條文呼應保險法第58條保險事故通知義務：第58條：要保人、被保險人或受益人，遇有保險人應負保險責任之事故發生，除本法另有規定或契約另有訂定外，應於知悉後五日內通知保險人。

2. 要保人或受益人負有保險事故發生之通知義務；申辦理賠時，需檢附與填寫相關理賠給付申請文件。

3. 壽險公司應在收齊文件後，限期內給付保險金。

所繳保險費(並加計利息)的退還、身故保險金或喪葬費用保險金的給付

第十二條

訂立本契約時，以未滿十五足歲之未成年人為被保險人，其身故保險金之給付於被保險人滿十五足歲之日起發生效力；被保險人滿十五足歲前死亡者，本公司應退還所繳保險費(並加計利息)。

前項所繳保險費，除第二十一條及第二十二條另有約定外，係以保險費率表所載金額為基礎。

第一項加計利息，係以前項金額為基礎，以○○利率(不高於本保險單計算保險費所採用之預定利率)，依據○○方式（不高於年複利）計算至被保險人身故日之利息。

訂立本契約時，以精神障礙或其他心智缺陷，致不能辨識其行為或欠缺依其辨識而行為之能力者為被保險人，其身故保險金變更為喪葬費用保險金。

前項被保險人於民國九十九年二月三日（含）以後所投保之喪葬費用保險金額總和（不限本公司），不得超過訂立本契約時遺產及贈與稅法第十七條有關遺產稅喪葬費扣除額之半數，其超過部分本公司不負給付責任，本公司並應無息退還該超過部分之已繳保險費。

前項情形，如要保人向二家（含）以上保險公司投保，或向同一保險公司投保數個保險契(附)約，且其投保之喪葬費用保險金額合計超過前項所定之限額者，本公司於所承

保之喪葬費用金額範圍內，依各要保書所載之要保時間先後，依約給付喪葬費用保險金至前項喪葬費用額度上限為止，如有二家以上保險公司之保險契約要保時間相同或無法區分其要保時間之先後者，各該保險公司應依其喪葬費用保險金額與扣除要保時間在先之保險公司應理賠之金額後所餘之限額比例分擔其責任。

說明：

1. 為保護弱勢族群並減少道德危險事故發生，保險法令針對未滿15足歲之孩童、精神障礙或心智缺陷被保險人之理賠金額，訂有身故理賠金額限制。

2. 依據保險法107條與示範條款，以未滿15足歲之未成年人為被保險人之壽險保單，壽險公司應返還所繳保費加計利息或所繳保費；完全殘廢保險金仍依照保險金額或契約約定金額理賠。

3. 依據保險法107條與示範條款，以精神障礙或心智缺陷被保險人投保壽險保單，其身故保險金名稱改為喪葬費用保險金，賠償金額不得超過遺贈稅法之遺產稅喪葬費用扣除額的50%。105年適用之遺產稅喪葬費用扣除額為123萬；金額的一半為61.5萬。另外，由於保險金額超過部分無效，壽險公司應無息退還超過部分之所繳保費。

> **小叮嚀：**
>
> 金管會保險局新聞稿(105/6/16)
>
> **為兼顧未滿15歲未成年人投保權益及生命權保護，行政院通過保險法第107條修正草案**
>
> 　為兼顧未滿15歲未成年人保險保障權益及生命權保護，行政院會議通過金融監督管理委員會所擬具之保險法第107條修正草案，已函請立法院審議。修正要點如下：
>
> 一、以未滿十五歲之未成年人為被保險人之人壽保險契約，除喪葬費用給付外，其餘死亡給付之約定無效。(修正條文第一項)
>
> 二、為確保上開喪葬費用給付符合喪葬支出之必要性，參酌社會殯喪實務及強制汽車責任保險法規定之殯葬費補償限額(105年為新臺幣三十萬元)。另外考量未滿十五歲之未成年人多具學生身分，已有學生團體保險之保障(105年保險金額為新臺幣一百萬元)，因此規範喪葬費用保險金額以新臺幣三十萬元為限，以防範道德危險。(修正條文第二項)

除外責任

第十七條

有下列情形之一者，本公司不負給付保險金的責任。

一、要保人故意致被保險人於死。

二、被保險人故意自殺或自成殘廢。但自契約訂立或復效之日起二年後故意自殺致死者，本公司仍負給付身故保險金或喪葬費用保險金之責任。

三、被保險人因犯罪處死或拒捕或越獄致死或殘廢。

因第一項各款情形而免給付保險金者，本契約累積達有保

單價值準備金時，依照約定給付保單價值準備金予應得之人。

被保險人滿十五足歲前因第一項各款原因致死者，本公司依第十二條約定退還所繳保險費(並加計利息)予要保人或應得之人。

說明：

1. 契約訂立日或復效之日起二年後故意自殺致死，壽險契約仍須理賠。
2. 補充：健康險或傷害險被保險人故意自殺，依示範條款一律不賠。

受益人受益權之喪失

第十八條

受益人故意致被保險人於死或雖未致死者，喪失其受益權。

前項情形，如因該受益人喪失受益權，而致無受益人受領保險金額時，其保險金額作為被保險人遺產。如有其他受益人者，喪失受益權之受益人原應得之部份，按其他受益人原約定比例分歸其他受益人。

說明：目的為防範保險犯罪與減少道德危險，避免受益人因為保險犯罪而獲利。

欠繳保險費或未還款項的扣除

第十九條

本公司給付各項保險金、解約金、返還保單價值準備金或退還所繳保險費(並加計利息)時，如要保人有欠繳保險費（包括經本公司墊繳的保險費）或保險單借款未還清者，本公司得先抵銷上述欠款及扣除其應付利息後給付其餘額。

說明：保戶欠繳保費或欠繳的借款本息，應從保險給付中扣除。

保險金額之減少

第二十條

要保人在本契約有效期間內，得申請減少保險金額，但是減額後的保險金額，不得低於本保險最低承保金額，其減少部分依第九條契約終止之約定處理。

說明：

1. 傳統壽險要保人申請保險金額減少後，未來保險金額縮小。因此未來的保單價值準備金、解約金、身故保險金、殘廢保險金、滿期保險金或生存保險金給付金額都依照減少後的保險金額計算。

2. 在保險單繳費期間內，未來各期保險費仍需依照減少

後的保險金額計算與繳納。

3. 減少保險金額屬於部分解約，與減額繳清保險不同。

減額繳清保險（不含躉繳及一年期人壽保險）

第二十一條

要保人繳足保險費累積達有保單價值準備金時，要保人得以當時保單價值準備金扣除營業費用後的數額作為一次繳清的躉繳保險費，向本公司申請改保同類保險的「減額繳清保險」，其保險金額如附表。要保人變更為「減額繳清保險」後，不必再繼續繳保險費，本契約繼續有效。其保險範圍與原契約同，但保險金額以減額繳清保險金額為準。

要保人選擇改為「減額繳清保險」當時，倘有保單借款或欠繳、墊繳保險費的情形，本公司將以保單價值準備金扣除欠繳保險費或借款本息或墊繳保險費本息及營業費用後的淨額辦理。

本條營業費用以原保險金額之百分之一或以其保單價值準備金與其解約金之差額，兩者較小者為限。

第一項情形，在被保險人滿十五足歲前身故者，本公司以辦理「減額繳清保險」時之躉繳保險費計算退還所繳保險費(並加計利息)。

前項加計利息，係以躉繳保險費為基礎，自辦理減額繳清保險生效日起至被保險人身故日止，依第十二條第三項約

定之利率及計息方式計算。

說明：

1. 減額繳清保險（Reduced Paid-up Insurance）：人壽保險契約累積有保單價值準備金後，保戶若因經濟困難或保障已足夠，可選擇調降原保險契約之保險金額，並以當時保單價值準備金作為躉繳保費繳費。

2. 辦理減額繳清保險後保單的變化：保險金額減小、保險期間不變、保險商品不變、未來不需要再繳納保費。

3. 保戶辦理減額繳清保險後，未來不需要再繳納保費；未來的保障金額與生存滿期金額度，則依照調降後之保險金額計算。

展期定期保險（不含躉繳及一年期人壽保險）

第二十二條

要保人繳足保險費累積達有保單價值準備金時，要保人得以當時保單價值準備金扣除營業費用後的數額作為一次繳清的躉繳保險費，向本公司申請改為「展期定期保險」，其保險金額為申請當時保險金額扣除保險單借款本息或墊繳保險費本息後之餘額。要保人不必再繼續繳保險費，其展延期間如附表，但不得超過原契約的滿期日。

如當時保單價值準備金扣除營業費用後的數額超過展期定

期保險至滿期日所需的躉繳保險費時，要保人得以其超過款額作為一次躉繳保險費，購買於本契約期滿時給付的「繳清生存保險」，其保險金額如附表。

要保人選擇改為「展期定期保險」當時，倘有保單借款或欠繳、墊繳保險費的情形，本公司將以保單價值準備金扣除欠繳保險費或借款本息或墊繳保險費本息及營業費用後的淨額辦理。

本條營業費用以原保險金額之百分之一或以其保單價值準備金與其解約金之差額，兩者較小者為限。

第一項情形，在被保險人滿十五足歲前身故者，本公司以辦理「展期定期保險」時之躉繳保險費計算退還所繳保險費(並加計利息)。

前項加計利息，係以躉繳保險費為基礎，自辦理展期定期保險生效日起至被保險人身故日止，依第十二條第三項約定之利率及計息方式計算。

說明：

1. 展期定期保險(Extended Term Insurance)：人壽保險契約累積有保單價值準備金後，保戶若因經濟困難或保障已足夠，可選擇辦理展期定期保險。

2. 保戶辦理展期定期保險後，由於以當時保單價值準備金作為躉繳保費繳納定期壽險保費，所以未來不需要再繳納保費。若保單價值準備金金額足夠，繳納躉繳

定期保險保費後仍有剩餘，將於保險契約期滿時或依契約約定時點支付生存保險金。

3. 辦理展期定期保險後保單的變化：保險金額不變、保險期間可能縮短、保險商品改變為定期壽險架構、未來不需要再繳納保費且滿期可能有生存保險金。

保險單借款及契約效力的停止

第二十三條

要保人繳足保險費累積達有保單價值準備金時，要保人得向本公司申請保險單借款，其可借金額上限為借款當日保單價值準備金之〇〇％，未償還之借款本息，超過其保單價值準備金時，本契約效力即行停止。但本公司應於效力停止日之三十日前以書面通知要保人。

本公司未依前項規定為通知時，於本公司以書面通知要保人返還借款本息之日起三十日內要保人未返還者，保險契約之效力自該三十日之次日起停止。

說明：

1. 保單借款方式多元化：要保人辦理保單借款，可採取委託業務人員辦理、臨櫃辦理、電話語音與ATM保單借款等多元方式。

2. 保單借款利率自由化：各公司考量商品預定利率、宣告利率或放款利率後，制定各商品之保單貸款利率水

準。另外，各公司將依照險種別或躉繳分期繳別，訂立保單的可貸成數。

3. 壽險公司應每月公告保單貸款利率，民眾可至網站查詢或到保戶服務櫃台洽詢。

4. 壽險公司可因應公司策略與資金情況，在不違反法規與條款約定條件下，調整不同繳費方式或不同商品種類之可借金額上限。

5. 未償還之借款本息，超過其保單價值準備金時，契約效力即行停止。但壽險公司應於效力停止日之三十日前以書面通知要保人。

投保年齡的計算及錯誤的處理

第二十五條

要保人在申請投保時，應將被保險人出生年月日在要保書填明。被保險人的投保年齡，以足歲計算，但未滿一歲的零數超過六個月者，加算一歲。

被保險人的投保年齡發生錯誤時，依下列規定辦理：

一、真實投保年齡較本公司保險費率表所載最高年齡為大者，本契約無效，其已繳保險費無息退還要保人。

二、因投保年齡的錯誤，而致溢繳保險費者，本公司無息退還溢繳部分的保險費。但在發生保險事故後始發覺且其錯誤發生在本公司者，本公司按原繳保險費與應繳保險費的比例提高保險金額，而不退還溢繳部分的保險費。

三、因投保年齡的錯誤，而致短繳保險費者，應補足其差額。但在發生保險事故後始發覺且其錯誤並非發生在本公司者，本公司得按原繳保險費與應繳保險費的比例減少保險金額，而不得請求補足差額。

前項第一款、第二款前段情形，其錯誤原因歸責於本公司者，應加計利息退還保險費，其利息按○○○○○○利率計算（不得低於本保單辦理保單借款之利率與民法第二百零三條法定週年利率兩者取其大之值）。

說明：

1. 真實年齡超過商品最高承保年齡，保險契約無效，壽險公司應無息退還保費；若歸因於壽險公司過失，壽險公司應依約加計利息退還保費。

2. 溢繳保費處理：若有投保年齡錯誤，壽險公司應無息退還溢繳保費；若歸因於壽險公司過失，壽險公司應依約加計利息退還保費。保險事故發生後，若錯誤原因歸因於壽險公司，壽險公司應依照原繳保險費與應繳保險費的比例提高保險金額。

3. 短繳保費處理：因投保年齡的錯誤，而致短繳保險費者，保戶應補足累積保費差額。保險事故發生後，若錯誤原因歸因於保戶，壽險公司可依照原繳保險費與應繳保險費的比例降低理賠金額。

受益人的指定及變更

第二十六條

殘廢保險金的受益人，為被保險人本人，本公司不受理其指定或變更。

除前項約定外，要保人得依下列規定指定或變更受益人：

一、於訂立本契約時，經被保險人同意指定受益人。

二、於保險事故發生前經被保險人同意變更受益人，如要保人未將前述變更通知保險公司者，不得對抗保險公司。

前項受益人的變更，於要保人檢具申請書及被保險人的同意書送達本公司時，本公司應即予批註或發給批註書。

說明：

1. 殘廢保險金(全部殘廢)受益人限制為被保險人本人。
2. 受益人除了可指定個人外，也可以指定法人機構，亦可辦理保險金信託並設定銀行為第一順位受益人。

變更住所

第二十七條

要保人的住所有變更時，應即以書面通知本公司。

要保人不為前項通知者，本公司之各項通知，得以本契約所載要保人之最後住所發送之。

說明：要保人搬家或變更地址，務必通知壽險公司，否則

通知視同送達。

時效

第二十八條

由本契約所生的權利，自得為請求之日起，經過兩年不行使而消滅。

說明：

1. 法源為保險法第65條之時效消滅規範。
2. 為避免保險理賠請求權發生時效消滅的情形，保險契約受益人應該在保險事故發生後兩年內申請理賠。

作者補充：

一、不喪失價值選擇權或保單價值選擇權：

保單價值準備金為保戶平準保費預收與儲蓄保費的累積金額，保單價值準備金所有權屬於保戶，因此另稱不喪失價值。保單的不喪失價值或保單價值具有以下選擇權，包含辦理保單借款、墊繳保費、解約、部分提領或部分解約、辦理減額繳清保險、辦理展期定期保險或契約轉換等，要保人的選擇非常多元。

二、保險給付選擇權：

壽險商品之保險給付除了一次給付以外，尚有以下之

給付選擇權：[12]

1. 定期給付選擇：由壽險公司依約定分期給付。自分期定期給付開始日起，依分期定期保險金給付期間及預定利率將指定保險金換算成各期期初或期末應給付之金額，按約定將每期分期定期保險金給付予受益人。分期定期給付期間屆滿時，契約即行終止。例如：給付期間為25年。

2. 定額給付選擇：由壽險公司依約定金額分次給付。自分期定額給付開始日起，依約定將各期期初或期末之分期定額保險金給付予受益人。壽險公司將給付至尚未領取的分期定額保險金及利息給付完畢為止，如留有不足一期應給付金額者，將與當期給付金額一併給付予受益人，契約即行終止。例如：給付金額為每月2.5萬。

3. 年金保險給付選擇：提供終身生存年金、N年保證終身年金、退費式終身年金、利率變動型年金或變額年金保險等年金給付選擇。例如：保證15年期間的終身年金給付。

4. 儲存生息：保險給付暫存於壽險公司，並依約定利率計息，受益人定期可領取利息。

5. 儲存生息：保險給付儲存於壽險公司，並依約定利率

---

12 修訂或引用自分期給付與年金給付相關示範條款，104 年 2 月發佈。

計息，受益人可定期領取利息。

第三節 萬能壽險、利率變動型壽險與投資型壽險商品概要

一、萬能壽險

萬能壽險為壽險保障結合繳費彈性與保額彈性，並依宣告利率累積保單價值準備金的人壽保險商品。萬能壽險將保戶所繳保費扣除相關費用後，依據壽險公司宣告利率累積保單價值準備金。宣告利率並非保證，可能上調、下調或維持不變，宣告利率與資產區隔帳戶之投資報酬率、市場利率或類似商品之投資報酬率攸關。另外依照人身保險商品審查應注意事項，103年起，萬能壽險商品的解約費用期間，至少都需要大於或等於6年，且各年之解約費用率至少1%，以避免萬能壽險成為躉繳短年期儲蓄工具，當然也對於萬能壽險業績產生蠻大的衝擊。[13]此外，壽險業對於萬能壽險累積資產，需要辦理資產區隔帳戶管理，並由壽險公司負責資金運用。

歸納來說，萬能壽險具有依宣告利率累積保單價值準

---

13 人身保險商品審查應注意事項第四十點之一、萬能壽險商品之解約費用收取年度至少六年，且各年之解約費用率至少百分之一。人身保險商品審查應注意事項一二〇之一、利率變動型遞延年金保險商品之遞延期間及解約費用收取年度至少六年，且各年之解約費用率至少百分之一。

備金、彈性繳費、彈性保額與費用充份揭露等特色。摘要如下：

1. 彈性繳費：繳費金額與繳費額度彈性，保戶可依據自己的經濟狀況決定繳費頻率與額度；並無傳統型壽險的繳費限制。

2. 保額可彈性調整：在符合規範下，投保保額可隨保戶需求調整，並無傳統型壽險的僵化。

3. 依宣告利率累積保單價值準備金：宣告利率並非保證，可能上調、下調或維持不變，宣告利率與資產區隔帳戶之投資報酬率、市場利率或類似商品之投資報酬率攸關。

4. 費用充分揭露：各項費用充份揭露，讓保戶可充分了解費用明細。

保障型態方面，萬能壽險與投資型壽險相似，同樣可區分為二種保障型態(甲型與乙型)，甲型身故給付為兩者取大：Max (保額, 保單價值準備金*係數)，乙型身故給付為保險金額加上保單價值準備金。另外萬能壽險也需受最低危險保額比率(門檻法則)之限制，死亡給付除上保單價值準備金須符合最低比率，40歲以下為155%、41~70歲130%與71歲以上105%，需要留意。另外，要保人投保及每次繳交保險費時，需重新計算各契約應符合之最低危險保額比率。

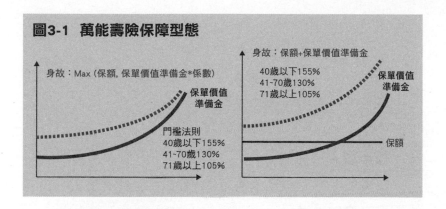

圖3-1 萬能壽險保障型態

二、利率變動型壽險[14]

　　利率變動型壽險與萬能壽險相似，同樣提供壽險保障並定期公佈宣告利率，但又與傳統壽險相似，需要定期繳費而且未充分揭露費用。利率變動型壽險之特色如下：

1. 定期繳納保費：利率變動型壽險與傳統型壽險相同，必須定期繳納保費且繳費金額固定，分為年繳、半年繳、季繳、月繳或躉繳等。

2. 依預定利率等變數累積保單價值準備金並定期提供利差回饋：利率變動型壽險與傳統型壽險相同，各年度的保障與保單價值準備金金額在投保時就已經確定，但定期透過宣告利率與預定利率的利差值，乘上保單價值準備金的方式，定期額外計算利差回饋或增值回饋分享金。

---

14 參廖勇誠 (2013)，輕鬆考證照：人身與財產風險管理概要與考題解析，第二章第二節

3. 費用未明確揭露：通常利率變動型壽險之各項費用項目，並未逐一明確揭露。

4. 保險金額無法彈性調整：利率變動型壽險與傳統型壽險相同，保險金額無法彈性調整。

三、投資型人壽保險[15]

投資型人壽保險為人壽保險保障結合共同基金等投資標的之人壽保險商品，商品名稱有變額壽險、變額萬能壽險或投資連結型保險等。投資型壽險以累積單位方式累積保單帳戶價值；保戶繳納的保費扣除附加費用後，壽險公司依照保戶之指定，將資金投入特定標的。未來各期保戶所繳保費扣除費用後，多以基金單位方式累積保單帳戶價值。由於單位淨值每日波動，因此保單帳戶價值每日變動，投資報酬亦隨基金淨值起伏，投資風險需由保戶自行承擔。投資型人壽保險具有以下特色：

1. 投資風險由保戶承擔：投資型保險商品所產生的收益或虧損，由保戶自行承擔。

2. 彈性繳費：投資型商品的繳費方式彈性，保戶可依據自己的經濟狀況決定繳費頻率與繳費額度。

3. 費用充分揭露：投資型商品各項費用充份揭露，讓保

---

15 參廖勇誠 (2014)，輕鬆考證照：外幣保單與保險理財，第一章；壽險業對於利率變動型壽險累積資產，需要辦理資產區隔帳戶管理，並由壽險公司負責資金運用。

戶可充分了解費用明細。

4. 提供多元化投資標的選擇：投資型壽險通常連結多元化投資標的，要保人可自主選擇投資標的，並可透過定期定額投資或免費基金轉換，定期調整資產配置。

5. 保險金額可依需求調整：在符合規範下，可彈性配合保戶保障需求，彈性調整保戶保險金額。

投資型人壽保險之保障型態可區分成二種型態，一種為保險金額與保單帳戶價值二者取大型態，另一種則為保險金額與保單帳戶價值二者相加型態。另外，投資型壽險須符合最低危險保額比率規範或門檻法則，以避免投資型保險之保障成分過低。保險局於「投資型人壽保險商品死亡給付對保單帳戶價值之最低比率規範」明訂三個年齡層之最低危險保額比率(Net amount at Risk)如下：40歲以下為130%，41~70歲為115%及71歲以上為101%。另外，要保人投保及每次繳交保險費時，需重新計算各契約應符合之最低危險保額比率。此外，除有最低危險保額比率限制外，壽險公司對於分期繳投資型人壽保險，通常訂有保費與保額之倍數限制。

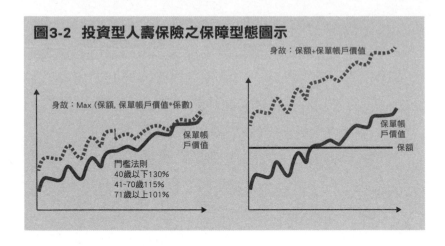

圖3-2 投資型人壽保險之保障型態圖示

四、投資型保險的連結標的概況

投資型保險之連結標的，可摘要列表如下：

表3-4 投資型保險的連結標的概況

標的別	連結標的
共同基金	績優基金公司的台幣與外幣基金，包含股票型基金、平衡式基金與債券型基金或國內國外各型態的基金標的。
結構型債券	結構型債券(Structure Notes)，訂有幣別、保本率與連結標的之限制。
全權委託投資帳戶	壽險公司可委託投信公司或投顧公司，代為管理特定全權委託投資帳戶；帳戶可依照風險屬性或投資標的作區分(Target Risk)，也可依照目標滿期日期(Target Maturity)為基準。
ETF指數股票型基金	連結國內外指數股票型基金ETF(Exchange traded fund)。
國外債券	諸如澳洲或美國債券，可以定期配息。
貨幣帳戶	每月依照宣告利率累積帳戶價值，概念上相近於利率變動型年金的帳戶累積方式，可能包含諸如新台幣、美元、歐元或澳幣等貨幣帳戶

五、商品特色簡易比較表

1. 萬能壽險與傳統壽險特色比較

項目/商品別	萬能壽險	傳統壽險
商品概念	定期存款+定期壽險	定期壽險、終身壽險、養老壽險
保單價值準備金累積	依照宣告利率累積(宣告利率每月或每年調整)	依照預定利率等變數累積(預定利率固定不變)
保費繳納	彈性保費、躉繳、分期繳	定期繳納保費、躉繳
費用揭露	費用明確揭露	費用未明確揭露
保險金額	保額可彈性調整	保額固定

2. 變額萬能壽險與傳統壽險特色比較

項目/商品別	變額萬能壽險(投資型壽險)	傳統壽險
商品概念	共同基金等標的+定期壽險	定期壽險、終身壽險、養老壽險
保單價值準備金累積	依照基金淨值與單位數累積保單帳戶價值	依照預定利率等變數累積(預定利率固定不變)
保費繳納	彈性保費、躉繳、分期繳	定期繳納保費、躉繳
費用揭露	費用明確揭露	費用未明確揭露
投資風險承擔	保戶承擔投資風險	壽險公司承擔投資風險
保險金額	保額可彈性調整	保額固定
其他	多元化投資標的的選擇、免費基金移轉	

3.變額萬能壽險與萬能壽險特色比較

項目/商品別	變額萬能壽險 (投資型壽險)	萬能壽險
商品概念	共同基金等標的+定期壽險	定期存款+定期壽險
保單價值準備金累積	依照基金淨值與單位數累積保單帳戶價值	依照宣告利率累積 (宣告利率每月或每年調整)
保費繳納	彈性保費、躉繳、分期繳	彈性保費、躉繳、分期繳
費用揭露	費用明確揭露	費用明確揭露
客戶主要風險承擔	投資風險由保戶承擔	利率波動風險由保戶承擔
保險金額	保額可彈性調整	保額可彈性調整
其他	多元化投資標的選擇、免費基金移轉	IRR高於定存利率、費用低

第四節 考題解析

壹、選擇題：

一、傳統壽險保單可分為分紅保單與不分紅保單，分紅保單紅利是根據實際經驗的死亡率、利率、費用率與假設上述考慮因素相比而產生的有利經驗，保單持有人所領取之保單紅利可視為：

A.保險金額的增加部分

B.佣金的一部分退還

C.公司的股東股利

D.保單持有人所繳保險費之部分退還

參考解答：D

二、保險公司收齊受益人申請理賠之文件後，因理賠需要進行保險事故調查作業而無法在約定期間內完成保險金的給付，則保險公司應加付多少延滯利息？

A.年息一厘

B.年息五厘

C.年息一分

D.年息五分

參考解答：C

三、目前我國優體壽險的死亡率風險，主要是以何者為分類基礎？

A.健康狀況

B.生活方式

C.家族病史

D.吸菸經驗

參考解答：D

四、依保險法第 64 條規定，保險人得解除契約須具備的要件有

A.要保人故意隱匿或過失遺漏，或為不實之說明

B.須足以變更或減少保險人對於危險之估計

C.要保人之不實告知，須在契約訂立時所為

D.以上皆是。

參考解答：D

五、老李投保終身壽險，患有腦中風但投保時沒有告知，則下列何者錯誤？

A.只要投保超過兩年，即使老李因腦中風身故，壽險公司仍應理賠

B.只要死因與腦中風無因果關係，壽險公司仍應理賠

C.兩年內壽險公司以告知不實解除契約，已收的保費應返還

D.要保人與被保險人負有告知義務

參考解答：C

●依照保險法解除契約時，已收的保險費不需返還。

六、要保人向壽險公司投保20年期生死合險，保單經過5年後申請減額繳清保險，辦理減額繳清保險後，下列敘述何者正確：1.保險金額：不變 2.保險期間：不變 3.保險商品內容：與原契約相同 4.滿期保險金：無

A. 1,2

B. 1,3

C. 2,3

D. 2,4

參考解答：C

●保險期間與保險內容皆不變。

七、進行人身保險核保時，若被保險人年紀越大、身體狀況越差、危險率愈高者，投保意願越大；反之，越年輕、身體越好者，投保意願越低。稱為：

A.道德危險

B.大數法則

C.逆選擇

D.可保性

參考解答：C

八、張先生投保100萬元終身壽險，此保單條款有30天寬限期間的規定，每年的3月11日為續年保費應繳日期。保單生效後5年，張先生於4月1日死亡，當年之保險費尚未繳交，此時受益人可以得到的保險給付多少元？

A.保險公司不給付

B.保險公司只退還所繳保費

C.100 萬元扣除應付未付之保險費

D.100 萬元

參考解答：C

九、依保險法第116 條規定，人壽保險之要保人在保單停效多久內申請復效，並補繳保費、利息及其他費用後，無需提供可保性證明即可恢復效力？

A.6 個月

B.9 個月

C.1 年

D.2 年

參考解答：A

十、依據現行「人身保險要保書示範內容及應注意事項」的規定，下列何者不屬於人壽保險要保書的告知事項？

A.職業與兼業

B.身高與體重

C.商業實支實付型醫療保險投保史

D.過去5年內受傷或生病住院治療7日以上之病史

參考解答：C

十一、要保人將其人壽保險辦理保險金額減額繳清保險時，其附加保證續保之一年期住院醫療費用保險附約，保險公司應如何處理？

A.立即中止，並退還未到期保費

B.持續至該附約已繳保費期滿後終止

C.依壽險保額的減額比例，持續繳費有效

D.保額不變，持續繳費有效

參考解答：D

十二、保險法第 107 條規定，未滿15歲之未成年人為被保險人訂立之人身保險契約，下列何者錯誤？

A.死亡給付於被保險人滿15歲之日起發生效力

B.被保險人滿15歲前死亡者，保險人得加計利息退還所繳保險費

C.被保險人滿15歲前死亡者，保險人得返還投資型保險專設帳簿之帳戶價值

D.除喪葬費用之給付外，其餘死亡給付部分無效

參考解答：D

●如果立法院三讀通過修訂保險法第107條規定，則請依最新條文答題。

●行政院會通過「保險法」第107條修正草案方向，日期：105-06-16

未滿十五歲之未成年人為被保險人之人壽保險契約，除喪葬費用給付外，其餘死亡給付之約定無效。

另為確保前開喪葬費用給付符合喪葬支出之必要性，參酌社會殯喪實務及強制汽車責任保險法之殯葬費補償限額規定(105年為新臺幣三十萬元)。

十三、依金融監督管理委員會「投資型人壽保險商品死亡給付對保單帳戶價值之最低比率」規範，下列說明何者正確？

A.要保人投保及每次繳交保險費時，皆應符合最低比率之規定

B.被保險人滿15足歲且到達年齡在40歲以下者，其比率不得低於百分之一百五十

C.被保險人之到達年齡在41歲以上、70歲以下者，其比率不得低於百分之一百三十

D.被保險人之到達年齡在71歲以上者，其比率不得低於百分之一百

參考解答：A

十四、有關分紅保單的特性，下列何者錯誤？

A.分紅保單是指投保人有機會分享到保險公司經營該張保單所產生的利潤

B.每年依可分配紅利盈餘分配給要保人，其比例不得高於70%

C.分紅保單的保費計算較保守，因此一般較不分紅保單為貴

D.分紅保單之分紅，保戶得選擇儲存生息、購買增額繳清保險、抵繳保費及現金支付等方法

參考解答：B

十五、下列何者不是投資型保險商品？

A.變額壽險

B.萬能壽險

C.變額年金

D.結構型債券保單

參考解答：B

十六、有關投資型保險對保戶的優點，下列何者錯誤？

A.完全由專家代為理財且投資利潤完全歸自己所有

B.死亡風險保費及投資管理費用清晰透明

C.資產單位價格計算簡單明瞭且收益固定

D.可變保費的給付方式能滿足客戶在不同經濟狀況下的不同需求

參考解答：C

十七、目前我國有關微型保險商品的規定，下列何者正確？

A.承保之經濟弱勢者範圍中，有一項為夫妻二人全年綜合所得在新臺幣50萬元以下家庭之家庭成員

B.附加費用率上限為總保費之20%

C.可採取個人保險、集體投保或團體保險方式為之

D.個別被保險人累計投保微型保險之保險金額不得超過30萬元

參考解答：C

十八、對於自由分紅保單的英式分紅與美式分紅差異敘述，下列何者正確？

A.紅利種類均只有年度紅利及終期紅利二種

B.紅利給付方式均有增額繳清保險、抵繳保費、儲存生息、現金給付

C.紅利領取均僅能於保單滿期時始能領取

D.紅利估算方式均可使用三元素法、資產額份法、三元素與資產額份組合法

參考解答：D

十九、依據台灣法規限制，下列何者為變額萬能壽險的附保證給付項目？

A.最低死亡給付

B.最低滿期給付

C.最低提領給付

D.最低累積給付

參考解答：A

●台灣的變額萬能壽險商品應符合最低危險保額比率要求(門檻法則)，因此宜選A (GMDB)

二十、投資型保險商品投資帳戶之標的，如以資本流動

性及確保資本安全性為主軸者，可選擇何種基金？

A.權益型基金

B.債券型基金

C.貨幣型基金

D.平衡型基金

參考解答：C

二十一、張先生為自己投保新台幣300萬元保額的定期壽險，若其在契約有效期間內因意外事故而致十足趾缺失，則可獲得的殘廢保險金為新台幣多少元？

A. 無給付

B. 10萬元

C. 50萬元

D. 100萬元

參考解答：A

●完全殘廢事故，定期壽險才有給付。

二十二、有關變額壽險之敘述，下列何者錯誤？

A.可由要保人自行選擇投資標的

B.要設置專設帳戶管理

C.要保人無須承擔投資風險

D.保險金額及現金價值由投資績效而定

參考解答：C

二十三、下列何者不是投資型保險商品之特色？

A.盈虧自負

B.投資及保障部分分別列帳

C.費用透明

D.繳費固定

參考解答：D

二十四、紅利選擇方式中，對於保單面額與保單現金價值皆有影響者為下列何種選擇方式？

A.現金支付

B.抵繳保費

C.儲存生息

D.增額繳清保險

參考解答：D

二十五、有關契約撤銷權之規定，何者正確：

A.招攬人在保險單送達之翌日起算5日內

B.自親自送達時起或郵寄郵戳當日零時起生效

C.得以口頭向壽險公司撤銷壽險契約

D.壽險公司無須返還所繳保險費

參考解答：B

二十六、人壽保險之年繳與半年繳保險費到期未交付

者，除契約另有訂定外，經催告到達後逾幾日仍不交付者， 契約效力停止。

A. 10日

B. 15日

C. 30日

D. 40日

參考解答：C

二十七、依我國保險法之規定，要保人對於下列何者的生命或身體無保險利益？

A.家屬

B.生活費所仰給之人

C.債權人

D.為本人管理財產之人。

參考解答：C

●對於債務人才有保險利益。

二十八、下列有關團體保險之敘述何者正確？

a.保費可能每年調整

b.公司付費團險之投保內容由公司決定

c.費率採取平準保費

A. a,b正確

B. a,c正確

C. b,c正確

D. a,b,c正確

參考解答：A

●團體保險每年保費或費率水準皆不同，並非平準保費。

二十九、團體保險之轉換條款(Conversion Provision)，下列敘述何者不正確？

A.被保員工離職可按此條款轉換為個人保險

B.申請轉換必須在被保員工與團體終止關係後一個月內申請

C.轉換時必須附可保證明

D.轉換後個人保險之費率必須按轉換當時年齡計算。

參考解答：C

●轉換時不需要提出可保證明。

三十、依據金融監督管理委員會所頒定「人身保險審查應注意事項」有關商品定名的規定，所謂「保險」是指何種人身保險？

A.生存保險

B.死亡險

C.生死合險

D.變額壽險

參考解答：C

三十一、我國現行法令規定以外幣收付之非投資型人身
保險的險種有那些？

①人壽保險 ②年金保險 ③健康保險 ④傷害保險

A.①②③

B.①②④

C.①③④

D.②③④

參考解答：A

三十二、被保險人年齡70歲，購買投資型保險，依現行
法令的規定，其死亡給付對保單帳戶價值的比率不得低
於多少比率？

A.101%

B.110%

C.115%

D.130%

參考解答：A

三十三、對於萬能壽險與變額萬能壽險主要共同點敘
述，下列何者正確？

A.保費金額均固定

B.均有最低之保證利率

C.均有最低之保證報酬率

D.均有較大彈性的保險保障

參考解答：D

三十四、死亡保險契約的身故保險金請求權時效，一般的情形是自被保險人身故發生之日起算多久？

A. 2年

B. 5年

C. 15年

D.沒有期限

參考解答：A

三十五、要保人以自身為被保險人，向保險公司投保10年期養老保險，5年後因工廠關廠而無力繳納保險費致該保險契約停效，後感於保險之重要性，遂於停效3個月後辦理保單復效。然而在保險契約復效後不久，隨即留下遺書輕生死亡。則保險公司應如何處理此一死亡給付？

A.給付身故保險金

B.給付喪葬費用

C.返還所繳保險費

D.返還保單價值準備金

參考解答：D

貳、解釋名詞：

一、增額繳清保險

參考解答：

保戶可以選擇以保單紅利購買增額繳清保險，即以保單紅利作為躉繳保費增購原保險契約之保險金額。因此要保人紅利選擇購買增額繳清保險，保險金額將會增加，相關保險給付也隨之增加。

二、減額繳清保險

參考解答：

人壽保險契約累積有保單價值準備金後，保戶若因經濟困難或保障已足夠，可選擇調降原保險契約之保險金額方式，並以當時保單價值準備金作為躉繳保費繳費。保戶辦理減額繳清保險後，未來不需要再繳納保費，而且未來保障金額、生存與滿期金等金額將依照調降後之保險金額計算。

三、保證可保性（guaranteed insurability）、續保權（right to renew）

參考解答：

定期壽險提供被保險人保障期間屆滿時，被保險人可擁有保證續保權或保證可保性的權利，以便於保戶可以繼續享有保障，無需擔憂因體況差而無險可保狀況[16]。續保權相當

於民眾擁有一個權利，可以免體檢續保契約；概念上附有續保權的商品應該比沒有續保權的商品略貴，相當於壽險公司多收些許保費；而保戶支付權利金購買未來的續保權利概念，類似買權call的概念。

四、宣告利率

參考解答：

利率變動型年金或萬能壽險商品，其保單價值準備金之累積依照宣告利率累積，因此壽險公司通常定期公佈宣告利率，作為累積保單價值準備金的利率基礎；而且各期之宣告利率並非保證，壽險公司可以調高、調低或維持不變。另外，利率變動型壽險定期依照宣告利率與預定利率之利差值，分配利差回饋金，因此利率變動型壽險同樣需要定期公佈宣告利率。

五、信用人壽保險（credit life insurance）

參考解答：

信用人壽保險為針對債權人與債務人規劃的人壽保險商品，通常為遞減型定期壽險模式。當債務人在還款期間身故，保險金優先給付予債權人，剩餘保險金才給付予其他

---

16 不論被保險人的健康狀況，壽險公司皆須繼續承保，不需提出被保險人的可保證明文件或體檢文件；但是續保保險費率依照續保當時年齡計算保費。

受益人。例如房貸壽險就是屬於這類型保險商品。

六、變額壽險

參考解答：

變額壽險屬於投資型人壽保險。變額壽險之保費扣除費用後，投資於保戶自選之共同基金等投資標的，保單帳戶價值端視基金淨值與單位數而定，保障金額也隨標的淨值波動，此外投資風險也由保戶自行承擔。繳費方面，通常投保變額壽險的保戶需要定期繳納約定金額的保費。(參保發中心(2010)，投資型保險商品，P.10~15)

七、變額萬能壽險

參考解答：

變額萬能壽險屬於投資型人壽保險。變額萬能壽險之保費扣除費用後，投資於保戶自選之共同基金等投資標的，保單帳戶價值端視基金投資績效而定，保障金額也隨標的淨值波動；此外投資風險也由保戶自行承擔。變額萬能壽險的另一個重要特色是繳費彈性與保險金額彈性調整，保戶可以彈性繳費，而且繳費金額可以自行決定；保障金額也可以依需求調整，非常便利。

八、分紅保單

參考解答：

當壽險公司經營分紅保單產生盈餘時，分紅保單保戶享有定期分配保單紅利的權利。分紅保單之紅利分配應根據該公司分紅保險單的實際經營狀況，以保單計算保險費所採用之預定附加費用率、預定利率及預定死亡率為基礎，依保險單之分紅公式，計算分配的保險單紅利金額。

九、生前給付條款

參考解答：

生前給付條款指壽險契約約定被保險人於契約有效期間內，若符合「疾病末期」之情形者，被保險人可在條款約定之限額內，申請提前給付身故保險金。「疾病末期」指被保險人經醫院之專科醫師診斷及壽險公司之核保醫師認定，依目前醫療技術無法治癒且根據醫學及臨床經驗推斷，其平均存活期限在六個月以下。

十、結構型債券保單（Structured notes policy）

參考解答：

投資型保險商品連結的標的若包含結構型債券，則稱為結構型債券保單。結構型債券保單屬於投資型保險，投資風險由保戶自行承擔；結構型債券本身可能存有市場風險、信用風險、利率風險、流動性風險與匯率風險等風險，保戶必須留意。此外依照保險局規範，投資型保單連結的結構型債券，需要符合保本、幣別、連結標的與風險揭露等

相關規範。

十一、自動墊繳
參考解答：

若續期保險費超過寬限期間仍未交付，保戶可要求壽險公司以當時的保單價值準備金自動墊繳其應繳的保險費及利息，使保險契約繼續有效。通常要保人需在要保書勾選同意自動墊繳或在寬限期間終了前以書面聲明同意自動墊繳。

叁、問答題或簡答題：
一、說明壽險契約設置「寬限期（Grace period）」條款的目的何在？另依我國人壽保險單示範條款，說明寬限期之規定。
參考解答：

1. 訂定寬限期間之理由：考量壽險契約為長期契約而且儲蓄功能強，若因保戶一時的逾期繳費，就導致契約停止效力，對保戶保障顯然不利，也違背最大誠信契約之理念。因此壽險契約訂立寬限期間，提供保戶繳納保費的融通期間。

2. 寬限期間：

(1)年繳、半年繳：催告到達日後30天內。

(2) 季繳、月繳(現金繳費等自行繳費方式)：應繳日後
　　30天內。

(3) 季繳、月繳(自動轉帳扣款等約定)：催告到達日後
　　30天內。

3. 被保險人在寬限期間內發生保險事故，壽險公司仍應
　 負擔理賠責任，不可因為保費超過應繳日未繳而拒
　 賠。

4. 逾寬限期間仍未交付保費，壽險契約效力停止(停
　 效)；停效期間被保險人發生保險事故，壽險公司不負
　 賠償責任。要保人與被保險人可在二年之內辦理復效
　 (恢復保單效力)，但需要補繳停效期間的保單價值準
　 備金。

**二、試依我國現行人壽保險單示範條款，說明"契約撤
銷權"之規定。**
**壽險保單「契約撤銷權」攸關投保人權益，試依我國現
行人壽保險單示範條款說明其意義、行使方式、保單效
力、保險費返還等相關保險權益？此外，請說明契約撤
銷權對壽險行銷與經營有何正面效益？**

參考解答：

1. 契約撤銷權之意義：壽險保單為定型化契約、附和性
　 契約與長期契約，投保適切保險十分重要。為保障保
　 戶權益，避免客戶因不瞭解或不當行銷而投保，因此

給予要保人契約撤銷權。

2. 契約撤銷權行使方式、保單效力與保險費返還：

(1)要保人可在保險單送達的翌日起算10日內行使。

(2)要保人行使撤銷保險契約，撤銷的效力應自要保人書面之意思表示到達翌日零時起生效，保險契約自始無效；契約撤銷生效後所發生的保險事故，壽險公司不負保險責任。

(3)契約撤銷生效前，若發生保險事故者，視為未撤銷，壽險公司仍應依保險契約規定負保險責任。

(4)契約撤銷權行使後效力：依據民法第114條，法律行為經撤銷者，視為自始無效。

(5)要保人行使契約撤銷權後，壽險公司應無息退還所繳保費予要保人。

3. 契約撤銷權對壽險行銷與經營有何正面效益：

(1)壽險行銷方面：

(a) 簽訂要保文件後，保戶仍然可以審慎考慮後，再決定是否真正投保，以維護保戶權益。

(b) 行使契約撤銷權前發生保險事故仍可獲得理賠，實在是提供客戶貼心的服務，也可以提高客戶滿意度與客戶接受度。

(2)壽險經營方面：

(a) 壽險經營應重視服務品質與客戶滿意度，透過契約撤銷權可以讓保戶審慎決定後再投保，避

免未來短期解約或客訴的困擾。

(b) 壽險公司需留意保戶是否擲回簽收回條、是否辦理契約撤銷。壽險公司需留意核保時效，避免因核保作業緩慢，而導致客戶收到保單緩慢，等到客戶辦理契約撤銷後，壽險公司已經免費提供一段期間的保障了。

三、目前國內各壽險公司如何計算被保險人之投保年齡或契約年齡（Issue age）？如果投保年齡有錯誤，通常壽險公司如何處理？試依我國現行人壽保險單示範條款說明之。

參考解答：

1. 各壽險公司計算被保險人之投保年齡或契約年齡之方式：採取最近生日法計算。首先，計算被保險人的足歲年齡。第二，未滿1年的零數，超過半年，年齡增加一歲，零數低於半年，年齡不需增加。[17]

2. 投保年齡錯誤之處理：

   (1)真實年齡超過商品最高承保年齡，保險契約無效，壽險公司應無息退還保費；若歸因於壽險公司過失，壽險公司應依約加計利息退還保費。

   (2)溢繳保費處理：若有投保年齡錯誤，壽險公司應無

---

17 參壽險公會 (2012)，P.109~110。

息退還溢繳保費；若歸因於壽險公司過失，壽險公司應依約加計利息退還保費。保險事故發生後，若錯誤原因歸因於壽險公司，壽險公司應依照原繳保險費與應繳保險費的比例提高保險金額。

(3) 短繳保費處理：因投保年齡的錯誤，而致短繳保險費者，保戶應補足累積保費差額。保險事故發生後，若錯誤原因歸因於保戶，壽險公司可依照原繳保險費與應繳保險費的比例降低理賠金額。

四、請說明何謂「不可抗辯條款」（Incontestable clause）？另試分析我國保險法訂定不可抗辯條款的目的。

參考解答：

1. 不可抗辯條款之目的：限期內確認保險契約當事人之權利義務關係。

2. 本條依據為保險法第64條。告知不實之法律學理：危險估計說+因果關係說；包含足以變更或減少壽險公司對於危險的估計而且危險之發生，係屬於其說明或未說明的事實。

3. 壽險契約僅要求要保人與被保險人在訂立契約時就書面詢問事項，應盡告知義務；並未要求辦理復效時，需要善盡告知義務。

4. 對於業務人員之口頭詢問或非要保書告知事項之詢問

與回覆，原則上不須適用不可抗辯條款。

5. 壽險公司行使解除權之期間限制(除斥期間)：訂立契約後二年內或知悉後一個月內。

6. 壽險公司解除契約後，壽險契約效力追溯至訂立契約時消滅，而且壽險公司無須退還保戶累積所繳保費。

五、在保險契約中，告知及通知義務是對要保人一項重要規定。請分析要保人於保險契約成立前之告知義務，保險事故發生後之通知義務；以及違反告知及通知義務之法律效果。

參考解答：

1. 保險契約成立前之告知義務：

(1)壽險契約僅要求要保人與被保險人在訂立契約時就書面詢問事項，應盡告知義務。告知不實之法律學理：危險估計說+因果關係說；包含足以變更或減少壽險公司對於危險的估計而且危險之發生，係屬於其說明或未說明的事實。

(2)對於業務人員之口頭詢問或非要保書告知事項之詢問與回覆，原則上不須適用不可抗辯條款。

(3)壽險公司行使解除權之期間限制(除斥期間)：訂立契約後二年內或知悉後一個月內。

2. 保險事故發生後之通知義務：

(1)保險法第58條：要保人、被保險人或受益人，遇

有保險人應負保險責任之事故發生，除本法另有規定或契約另有訂定外，應於知悉後五日內通知保險人。

(2) 要保人或受益人負有保險事故發生之通知義務；申辦理賠時，需檢附與填寫相關理賠給付申請文件。

(3) 保險人應在收齊文件後，限期內給付保險金。

3. 違反告知及通知義務之法律效果：

(1) 要保人或被保險人不於規定期限內通知者，對於保險人所受之損失，應負賠償責任。

(2) 壽險公司解除契約後，壽險契約效力追溯至訂立契約時消滅，而且壽險公司無須退還保戶累積所繳保費。

六、說明壽險契約之效力停止與復效的相關規定，試依我國現行保險法及人壽保險單示範條款申述之。

參考解答：

1. 依照保險法令與示範條款，壽險契約效力停止之情況如下：

(1) 逾寬限期間保費未繳

(2) 保價金不足墊繳且催告到達後30天內仍不繳費

(3) 未償還之借款本息，超過其保單價值準備金時，契約效力即行停止。但壽險公司應於效力停止日之三十日前以書面通知要保人。

2. 復效的相關規定：
   (1)停效六個月內辦理復效(簡單復效)：不需提出可保
      性證明即可復效。
   (2)停效六個月後～二年內辦理復效(核保復效)：保戶
      需提出可保性證明；若被保險人體況不佳或不同意
      壽險公司提出之特別承保條件，壽險公司可拒絕其
      復效申請。
   (3)辦理復效，保戶需要補繳停效期間的儲蓄保費並加
      計利息，概念上即為補繳保單價值準備金差額。

七、張三於四年前曾購買一張六年期月繳保費的儲蓄壽險保單（或稱生死合險保單）。由於近年來全球經濟成長，股市表現不錯，因此，張三打算將該保單未來二年所應繳納保費的全數做其他投資運用，以追求更佳的報酬（預計年報酬8％），但他又不想解約，想繼續擁有該保單到滿期，請問若你是其壽險服務人員，你可以建議那些可行方案供張三考慮變更？並說明之。

參考解答：建議張三可考慮辦理減額繳清保險或展期定期保險。

   1. 辦理減額繳清保險：
      (1)人壽保險契約累積有保單價值準備金後，保戶若因
         經濟困難或保障已足夠，可選擇調降原保險契約之
         保險金額方式，並以當時保單價值準備金作為躉繳

保費繳納保費。

(2)辦理減額繳清保險後保單的變化：保險金額減小、保險期間不變、未來不需要再繳納保費。

(3)保戶辦理減額繳清保險後，未來不需要再繳納保費，未來的保障金額與生存滿期金額度則依照調降後之保險金額計算。

2. 辦理展期定期保險：

(1)人壽保險契約累積有保單價值準備金後，保戶若因經濟困難或保障已足夠，可選擇辦理展期定期保險方式，並以當時保單價值準備金作為臺繳保費繳納定期壽險保費。保戶辦理展期定期保險後，未來不需要再繳納保費；若臺繳定期保險後仍有剩餘的保單價值準備金，將於保險契約期滿時支付生存保險金。

(2)辦理展期定期保險後保單的變化：保險金額不變、保險期間可能縮短、未來不需要再繳納保費且滿期可能有生存保險金。

八、人身保險，係以人之生命、身體為保險標的，因此與財物為標的的保險不相同，就上述之不同，試說明人身保險的特質。

參考解答：

人身保險之主要特質可列舉簡述如下：

1. 以人身危險事故作為是否理賠之依據：以生老病死傷殘失能等人身危險事故之發生與否，作為是否理賠保險金之依據。

2. 人身保險之保險利益：要保人與被保險人間，具有親屬家屬關係或經濟上之利害關係。

3. 人壽保險商品除保障外，常提供儲蓄、投資或節稅等功能。

4. 人壽保險為繼續性契約或長期性契約。

5. 由於人身無價，因此人壽保險的保險金額相對高，例如：六千萬。

九、請從壽險總保險費計算架構中之純保費的觀點，試分析生死合險為何具備有「遞增的儲蓄」與「遞減的保障」兩大特性？

參考解答：

生死合險的純保費架構為定期壽險純保費加上生存保險純保費。其中定期壽險純保費提供保障期間的身故保障，該定期壽險的危險保額隨著保單價值準備金的增加而降低，因此可以說是遞減的保障。另外保障期滿若被保險人生存，生死合險給付滿期保險金，該滿期保險金其實為生存保險，而且滿期保險金給付金額其實是透過保障期間逐年累積提存的保單價值準備金而來，因此可以說是遞增的儲蓄。

十、試依我國相關保險法令說明投資型保險定義；另再就一般投資型保險商品之費用類型申述之。

參考解答：

1. 投資型保險定義：

    投資型保險為保險保障結合共同基金等投資標的的人身保險商品，商品名稱有變額壽險、變額年金保險與變額萬能壽險等。概念上，投資型保險將保戶所繳保費扣除相關費用後，依據客戶選擇的投資標的進行投資，並在契約期間提供保戶壽險保障或年金給付。投資型保險的投資部分，須採取分離帳戶投資運用。投資型保險具有以下特色：

    (1)投資風險由保戶承擔：投資型保險商品所產生的收益或虧損，由保戶自行承擔。

    (2)彈性繳費：投資型商品的繳費方式彈性，可依據自己的經濟狀況來繳費。

    (3)費用透明揭露：各項費用充份揭露，讓保戶可充分了解費用結構。

    (4)多元化投資標的選擇：投資型保險分離帳戶內，通常連結多元化投資標的，客戶可自主選擇投資標的，並可搭配免費基金轉換，定期調整資產配置。

    (5)身故壽險保障或年金給付保障：保險金額可搭配保戶需求調整，以配合保戶需求。

2. 投資型保險商品之費用類型，可列表摘述如下：

費用項目	摘要
附加費用	每次繳納保費時自保費金額中扣除之費用；舉例如下： ● 躉繳：附加費用=5％；費用後收型附加費用=0％ ● 分期繳：基本保費附加費用率首年=60％，往後依序遞減；費用後收型首年附加費用=0％
解約費用	保戶解約(贖回)時，所需要收取的費用；舉例如下： ● 前收型：通常不收 ● 後收型：首年解約費用=20％，往後依序遞減
保險費用	● 投資型壽險每月自保單帳戶價值中扣除保險費用，以作為壽險公司提供壽險保障之保費。 ● 每月扣除金額依據危險保額、年齡與性別而定
其他費用	保單管理費、投資標的費用、轉換手續費等

十一、解釋投資型壽險商品與傳統型壽險商品之根本區別，並說明與傳統型壽險商品比較，投資型壽險商品的特點為何？

十二、試述投資型保險商品的特色與操作方式。又投資型保險商品操作與傳統型保險商品操作有何差異？試比較之。

十三、壽險商品種類的多元化，在保險經營上是一種趨勢，投資型保險（investment-oriented insurance）的壽險商品已在我國准許銷售，該商品當然有別於傳統壽險商品，請陳述投資型保險商品所應具有的要件。

參考解答：

投資型人壽保險與傳統型人壽保險存在許多差異，列述如下：

1. 連結標的與風險承擔不同：最大之差異在於連結標的與風險承擔。投資型人壽保險之資金投資於共同基金等投資標的，保單帳戶價值端視分離帳戶內基金淨值與單位數而定，投資風險由保戶自行承擔。然而，傳統型人壽保險之保費、保額、保單價值準備金與解約金等商品內容，在投保時就已確定，而且保費金額由壽險公司自行投資運用，投資風險由壽險公司承擔，保戶不需要負擔投資風險。

2. 保障型態不同：投資型人壽保險之保障型態分二種，甲型為Max（保險金額，保單帳戶價值），乙型為保險金額+保單帳戶價值；明顯與傳統型人壽保險不同。

3. 保費繳納與效力：投資型人壽保險之保費逾期未繳，通常只要保單帳戶價值足夠扣繳各項費用，契約效力不受影響；而且投資型壽險常採彈性繳費。然而傳統型人壽保險保費若未依規定時間與金額繳納保費，契約效力將停效，甚至終止，明顯不同。

4. 費用揭露不同：投資型壽險費用明確揭露；傳統壽險契約並未明確揭露各項費用。

針對投資型人壽保險與傳統型人壽保險商品特色，摘要比較如後。

項目/商品別	變額萬能壽險 (投資型壽險)	傳統壽險
概念	共同基金等標的+定期壽險	定期壽險、終身壽險、養老壽險
保單價值準備金累積	依照基金淨值與單位數累積保單帳戶價值	依照預定利率等變數累積(預定利率固定不變)
保費繳納	彈性保費、躉繳、分期繳	定期繳納保費、躉繳
費用揭露	費用明確揭露	費用未明確揭露
投資風險承擔	保戶承擔投資風險	壽險公司承擔投資風險
其他	多元化投資標的選擇、免費基金移轉、保額彈性調整	保額固定

十四、試說明消費者購買投資型保險產品之優缺點以及對消費者購買投資型保險產品的建議;另比較投資型保險與共同基金的差異性。

參考解答:

1. 投資型保險商品之優缺點:

   (1)優點:

   (a) 多元化投資標的選擇

   (b) 身故壽險保障或年金給付保障

   (c) 彈性繳費與資訊明確揭露

   (d) 其他:保險節稅誘因、特定次數下免費基金移轉

   (2)缺點:

(a) 投資風險由保戶自行承擔

(b) 商品複雜度高，所需金融保險專業高

(c) 保戶需要定期調整資產配置並耗時關心淨值、匯率、總經與產業情況

2. 對消費者購買投資型保險商品的建議：

(1)留意投資風險承擔能力並定期檢視調整資產配置

(2)建議以中長期投資為原則，建議儘量避免短期進出

(3)對於各項費用，務必充分了解

(4)以投資型保險商品規劃遺產稅節稅時，需要特別留意實質課稅原則

3.投資型保險與共同基金的差異性：

商品	投資型保險	共同基金
商品概念	多元化基金投資、債券或結構債投資加上壽險保障或年金給付	單一基金投資
標的選擇	●由壽險公司挑選多元化投資標的供客戶選擇 ●囊括高、中、低風險的投資標的	零散的各式各樣共同基金供民眾自行選擇
保障內容	提供壽險或年金給付保障	無
商品其他特色	提供免費基金移轉、保單貸款、契約撤銷權等權利	未提供免費基金移轉、保單貸款、契約撤銷權等權利
費用項目	保費費用、解約費用、保險成本、保單管理費、經理費、保管費與轉換手續費	銷售手續費、贖回費用、管理費、經理費、保管費與轉換手續費
經營主體	壽險公司	投信或投顧公司

十五、這幾年來保險公司販售很多投資型商品,你認為有那些重要因素造成這個現象?

你認為保險公司的投資型保險商品是否會取代銀行存款或共同基金成為投資理財的新寵兒?

參考解答:

1. 有那些重要因素造成這投資型保險販售:

   (1) 低利率時代且市場資金充沛:加快了個人理財與財富管理時代的來臨,不僅增加民眾的投資儲蓄意願,更讓民眾樂於透過保險從事各項保險理財。

   (2) 利差損時代來臨:壽險業處於利差損環境下,有賴多元化保險商品分散風險,伴隨壽險公司與監理機關的積極推動,因而帶動投資型保險的崛起。

   (3) 銀行保險通路的崛起:銀行保險通路保費佔率持續攀升後,對於保險理財商品的銷售,產生了正面的助益。

   (4) 投資型保險功能獨特:投資型保險具有連結標的多元化、繳費彈性與保額彈性、費用充分揭露與壽險或年金保障等功能,兼具保障與投資功能,具有其獨特性。

2. 投資型保險商品是否會取代銀行存款或共同基金成為投資理財的新寵兒:

   投資型保險與存款或共同基金仍各有其市場,雖有些許資金衝突,但整體問題不大,畢竟三種理財工具之

核心功能存有差異。投資型保險包含壽險或年金保障加上基金標的投資，較適合中長期投資與保障。相較之下，一般共同基金較適合做為短中期投資工具，而且標的選擇更廣泛與多元，但並無保險保障功能。銀行存款部分，不論活存、定存或定儲，多為1個月~2年內的儲蓄或資金停泊工具，雖然風險低，但收益率也低。所以三種理財工具之核心功能存有差異，其實三者皆為資產配置中的重要環節，缺一不可。

商品	投資型保險	共同基金	存款
概念	多元化基金投資、債券或結構債投資加上壽險保障或年金給付	單一基金投資	多為1個月~2年內的儲蓄或資金停泊工具
投資報酬與風險	●提供多元化投資標的供客戶選擇，囊括高、中、低風險的投資標的。 ●通常高風險、伴隨高預期報酬。	●視該特定基金的風險等級而定。 ●通常高風險、伴隨高預期報酬。	●保本、無風險。 ●存款利率低。
費用項目	保費費用、解約費用、保險成本、保單管理費、經理費、保管費與轉換手續費	銷售手續費、贖回費用、管理費、經理費、保管費與轉換手續費	免費

十六、請詳述微型保險之定義、目的與特色各為何？再者，請說明我國微型保險經營績效不彰原因為何？並請提出有效解決方法？

參考解答：

1. 微型保險為針對經濟弱勢被保險人所提供之專屬基本保障商品。由於微型保險之保障內容為一年期定期壽險、傷害險或實支實付傷害醫療險，而且保險金額低，因此保費也相當低廉。經濟弱勢被保險人包含年收入偏低[18]、原住民、漁民、身心障礙者與農民健康保險被保險人等族群。通常微型保險商品具有以下特質：

   (1)商品僅提供經濟弱勢被保險人「基本」的保障，例如：50萬元身故保障，3萬元之醫療保障。

   (2)商品以一年期傳統型定期人壽保險、一年期傷害保險或一年期實支實付傷害醫療險為主。

   (3)商品設計簡單，僅承保單一保險事故。

   (4)商品內容不含有生存或滿期給付之設計。

2. 微型保險經營績效不彰原因與提出有效解決方法：

項目	經營績效不彰原因	有效解決方法
保障金額過低	● 30萬元身故保障 (98年頒佈) ● 50萬元身故保障、3萬元之醫療保障(103年頒佈)	● 提高保障金額為100萬 ● 增加醫療保障，建議提高傷害醫療保障為5萬元

---

18 依照 103 年人身保險業辦理優體壽險業務應注意事項，全年個人所得低於 35 萬或夫妻二人所得低於 70 萬符合低收入之標準。

項目	經營績效不彰原因	有效解決方法
經濟弱勢限制過嚴	●全年個人所得低於25萬或夫妻二人所得低於50萬(98年頒佈)	●全年個人所得低於35萬或夫妻二人所得低於70萬 ●每二年定期調整所得限制標準
適用對象限制過嚴	●除經濟弱勢外，原住民、漁民與身心障礙者才能適用(98年頒佈)	●農民健康保險之被保險人納入微型保險承保對象
推動誘因不足	●微型保險商品，保額低、保費低、佣金低，推動誘因不足。	●增加推動微型保險之誘因，例如：辦理微型保險績效良好，可以增加核准商品送審件數。

十七、對於保險金給付方法選擇權（Settlement options）通常應於何時進行？一般壽險業提供之保險金給付方法選擇權包括那些方式？試說明之。

參考解答：

壽險商品之保險給付除了一次給付以外，尚有以下之給付選擇權：[19]

1. 定期給付選擇：由壽險公司依約定分期給付。自分期定期給付開始日起，依分期定期保險金給付期間及預定利率將指定保險金換算成各期期初或期末應給付之

---

19 修訂或引用自分期給付與年金給付相關示範條款，104 年 2 月發佈。

金額，按約定將每期分期定期保險金給付予受益人。分期定期給付期間屆滿時，契約即行終止。例如：給付期間為25年。

2. 定額給付選擇：由壽險公司依約定金額分次給付。自分期定額給付開始日起，依約定將各期期初或期末之分期定額保險金給付予受益人。壽險公司將給付至尚未領取的分期定額保險金及利息給付完畢為止，如留有不足一期應給付金額者，將與當期給付金額一併給付予受益人，契約即行終止。例如：給付金額為每月2.5萬。

3. 年金保險給付選擇：提供終身生存年金、N年保證終身年金、退費式終身年金、利率變動型年金或變額年金保險等年金給付選擇。例如：保證15年期間的終身年金給付。

4. 儲存生息：保險給付儲存於壽險公司，並依約定利率計息，受益人可定期領取利息。

十八、我國准許壽險業經營「以外幣收付非投資型人壽保險商品」，說明該商品的特質；並以保險事故為區分標準，說明該商品的分類。

參考解答：

1. 依照壽險保單的保費繳付與各項給付的幣別，可分為外幣保單與新台幣保單。外幣保單之保費、解約金、

保單貸款、保險給付皆以外幣收付。隨著民眾多元幣別理財資金需求普遍後，外幣保單已愈來愈受到民眾的青睞。外幣傳統壽險商品與台幣收付的傳統壽險商品，差異如下：

(1) 預定利率等保單精算基礎不同：外幣保單的保費計算、保單價值準備金與解約金等項目的預定利率、責任準備金利率與費用率等精算基礎，與台幣保單存有落差，因而存有不同的給付金額與費率。

(2) 匯款費用負擔：外幣保單保戶可能需負擔。

(3) 匯率風險承擔：外幣保單保戶需負擔匯率波動風險。

(4) 保險給付與款項：外幣保單以外幣支付滿期金、生存金、身故保險金、保單貸款或解約金等各項給付或款項。

2. 外幣壽險保單依保險事故，可區分為死亡保險、生死合險(養老保險)、生存保險。

(1) 外幣死亡保險：外幣死亡保險提供被保險人終身或特定期間內的身故全殘保障，而且死亡保險契約並未包含任何生存保險金或滿期保險金等生存給付內容，例如：外幣平準終身壽險或外幣增額終身壽險。

(2) 外幣生死合險或養老保險：外幣生死合險提供被保險人終身或特定期間內的身故全殘保障，而且契約

包含生存保險金或滿期保險金等生存給付內容，例
如：二十年期外幣養老保險或外幣終身還本壽險。

(3)外幣生存保險：外幣生存保險於被保險人在特定期
間屆滿仍然生存時，依約定給付生存保險金或滿期
保險金，但壽險契約並未包含身故給付保障內容，
例如：十年期外幣生存保險。

**十九、說明我國自民國91年起至目前為止，有關壽險公
司銷售分紅保單（Participating Policy）在分配保單紅利
時，保險監理機關之相關規定；另說明保單紅利給付的
方式。**

**二十、自92年起，壽險業銷售不分紅人壽保險單或以該
險之經營損益為依據分紅之分紅保單。分紅保單之紅利
分配應根據該公司分紅保險單的實際經營狀況，以保單
計算保險費所採用之預定附加費用率、預定利率及預定
死亡率為基礎，依保險單之分紅公式，計算分配的保險
單紅利金額。**

參考解答：

1. 自92年起，壽險業可銷售不分紅人壽保險單或分紅保
   單。分紅保單之紅利分配應根據該公司分紅保險單的
   實際經營狀況，以保單計算保險費所採用之預定附加
   費用率、預定利率及預定死亡率為基礎，依保險單之
   分紅公式，計算分配的保險單紅利金額。

2. 分紅保單與不分紅保單之特色比較如下表：

項目/商品別	分紅保單	不分紅保單
紅利來源	死差益、利差益、費差益	無分紅
利差益計算	依照該商品分紅帳戶之實際投資報酬率扣除預定利率計算	預定利率不似分紅保單保守，因此保費較低。
死差益計算	依照該商品預定死亡率扣除實際死亡率計算	預定死亡率不似分紅保單保守，因此保費較低。
盈餘分配	● 依照分紅保單盈餘金額分配 ● 保戶至少可分配7成獲利	若有獲利，均歸屬於壽險公司盈餘。
適合族群	期望年年領取紅利與儲蓄的客戶	希望保費低廉且保額較高的客戶

二十一、分紅保單逐漸受到市場的重視。請比較分紅保單與不分紅保單之優缺點，並區分保單紅利與股東紅利。

參考解答：

1. 比較分紅保單與不分紅保單之特色比較如下：

項目/商品別	分紅	不分紅
紅利來源	死差益、利差益、費差益	無分紅
利差益計算	依照該商品分紅帳戶之實際投資報酬率扣除預定利率計算	預定利率不似分紅保單保守，因此保費較低。
死差益計算	依照該商品預定死亡率扣除實際死亡率計算	預定死亡率不似分紅保單保守，因此保費較低。

項目/商品別	分紅	不分紅
盈餘分配	● 依照分紅保單盈餘金額分配 ● 保戶至少可分配7成獲利	若有獲利，均歸屬於壽險公司盈餘
適合族群	期望年年領取紅利與儲蓄的客戶	希望保費低廉且保額較高的客戶

2. 保單紅利與股東紅利可比較如下：

項目/商品別	保單紅利	股東紅利
紅利來源	分紅保單盈餘金額，包含死差益、利差益、費差益	當期獲利或公司累積盈餘
分紅業務範圍	● 依照分紅保單盈餘金額分配 ● 保戶至少可分配7成獲利	● 依照所有商品與業務之獲利金額分配 ● 無股東最低分配比例限制
分紅對象	分紅保單保戶	股東

二十二、我國保險監理機關為鼓勵壽險業辦理優體壽險業務，使保戶享有更低之保費及促進我國保險市場發展，故於96.08.29 公布「人壽保險業辦理優體壽險業務應注意事項」，試依據此注意事項，說明優體壽險之定義、適用商品及優體體位之核保標準的規範。

參考解答：

優體壽險進一步依據被保險人是否吸菸經驗、健康狀況、病史與生活方式等因素，對於死亡率風險作更精確評估，

並對於符合優良體體位核保標準之被保險人,適用較低的人壽保險費率承保。優體壽險商品具有以下特質:

1. 商品種類可能包含傳統型定期人壽保險、終身人壽保險、萬能壽險與投資型人壽保險。
2. 死亡率風險以吸菸體及非吸菸體為主要分類基礎。
3. 商品內容不含有生存或滿期給付之設計。
4. 訂定嚴謹且一致性之核保標準:為確保核保作業之獨立與客觀,壽險業應訂定嚴謹且一致性之體位核保規範與分類標準,諸如:優體體位須符合年滿十八歲以上、標準體且非吸菸體等要件。
5. 依照人身保險業辦理優體壽險業務應注意事項,同一壽險商品之吸菸體體位等級不得超過二種,非吸菸體體位等級不得超過三種。

二十三、企業可能面臨那些人身風險?又企業主可分別安排那些保險移轉其風險?說明之。

參考解答:

企業可能面臨之人身風險與適合規劃的保險商品建議,列表如下:

型態	規劃摘要	規劃內容
員工基本意外、疾病與身故保障	企業團體保險結合福委會提撥基金	● 團體壽險附加醫療、意外、職災與重大疾病保障。 ● 福委會提撥員工額外慰問基金與主管慰問關懷金。

型態	規劃摘要	規劃內容
員工眷屬人身風險、員工個人保障缺口	企業員工自選專案結合企業個人保險顧問服務	● 透過講座與顧問服務，提供員工與員工眷屬優惠保險專案。 ● 福委會提撥主管慰問關懷金。
員工老年退休員工跳槽	勞工退休新制結合企業留才專案	● 針對符合資格條件員工，公司額外相對提撥資金投入年金保險商品或信託商品。
企業重要主管身故或重病	企業重要主管保險搭配輪調培訓制度規劃	● 針對重要主管之身故或重病等重大事故，公司額外提撥準備金並投保重要主管保險，以降低事故發生對於公司之衝擊。

二十四、就目前我國個人人身保險中，說明不適用於投資型保險範圍的險種有那些？並說明其定義。

參考解答：

1. 投資型保險為人壽保險或年金保險保障結合共同基金等投資標的之人壽保險商品，商品名稱有變額壽險、變額萬能壽險或投資連結型保險或變額年金等。投資型保險以累積單位方式累積保單帳戶價值；保戶繳納的保費扣除附加費用後，壽險公司依照保戶之指定，將資金投入特定標的。

2. 因此投資型保險之險種型態僅有人壽保險與年金保險；並不適用於健康保險或傷害保險，因此並無投資

型健康保險或投資型傷害保險。

二十五、限期繳費終身壽險（Limited-payment whole life insurance）之特色。並就責任準備金累積概況，比較其與普通終身壽險（Ordinary whole life insurance）之差異。

參考解答：

1. 限期繳費終身壽險（Limited-payment whole life insurance）：要保人繳納保費之繳費期間短於保障期間的終身壽險，台灣目前實務上常有6年期、10年期、15年期與20年期限期繳費的終身保險。由於採限期繳費，因此儲蓄保費金額高，責任準備金得以迅速累積。

2. 普通終身壽險或終身繳費終身壽險（Ordinary whole life insurance）：要保人需要持續繳費到保障期滿的終身壽險保單，由於保險費雖持續繳納，但儲蓄保費金額低，因此責任準備金金額雖持續累積，但準備金累積金額相對較低且累積緩慢。

二十六、請依據團體壽險示範條款說明被保險人之更約權內容？

參考解答：

團體壽險被保險人的更約權可簡述如下：

壽險公司對於被保險團體因為人數不足或危險增加等原因而終止契約或被保險人參加團體保險契約滿六個月後喪失被保險人資格時，被保險人得於團體壽險契約終止或喪失被保險人資格之日起三十日內不具任何健康證明文件，向壽險公司投保不高於團險契約內該被保險人之保險金額的個人人壽保險契約，壽險公司按該被保險人更約當時之年齡以標準體承保。但被保險人的年齡或職業類別在壽險公司拒保範圍內者，壽險公司得不予承保。

二十七、何謂完整契約條款（entire contract provision）？保險契約中訂定該條款之目的為何？

參考解答：

完整契約條款內容即為示範條款中的第一條保險契約的構成。保險契約的構成條款之主要目的包含以下二項：

1. 保險單條款、要保書、批註及其他約定文件，都屬於保險契約。
2. 保險契約有疑義時，應作有利於被保險人的解釋為準；可見本條文依循保險法第54條規定辦理。

二十八、試說明「除外責任」與「不保事項」有何差異？

參考解答：

1. 除外責任或除外原因：

通常保險契約明訂除外責任，諸如：針對違法行為或犯罪行予以除外、排除不可保項目：諸如巨災、排除其他保險所承保之項目或範圍等。舉例而言，傷害保險之除外責任如下：

(1)要保人、被保險人的故意行為。

(2)被保險人犯罪行為。

(3)被保險人飲酒後駕（騎）車，其吐氣或血液所含酒精成份超過道路交通法令規定標準者。

(4)其他：戰爭等。

2.不保事項：

依照保險契約，除外責任以外之範圍或項目，屬於承保範圍。然而，通常在承保範圍內，仍有些承保項目是屬於無法客觀公平計算保費或予以承保之項目，抑或容易產生糾紛之項目；因此保險契約內將另訂不保事項，將特定承保事項予以排除。舉例而言，傷害保險之不保事項如下：

(1)被保險人從事角力、摔跤、柔道、空手道、跆拳道、馬術、拳擊、特技表演等的競賽或表演。

(2)被保險人從事汽車、機車及自由車等的競賽或表演。

二十九、保險契約條款中，明訂「除外責任」的目的為何？

參考解答：

明訂「除外責任」的目的如下：

1. 承保範圍更明確，以合理客觀釐訂保險費率。

2. 列舉除外責任，以減少未來可能之糾紛或爭議。

3. 合法：針對違法行為或犯罪行為排除，以符合法規。

4. 排除不可保項目：諸如巨災、無法客觀計算保費或予以承保、容易產生糾紛之項目或其他保險承保項目等。

第四章 年金保險商品概要與條款解析
第一節 年金保險商品概要
一、年金保險商品意義與分類

保險法第135條－1規定：「年金保險人於被保險人生存期間或特定期間內，依照契約負一次或分期給付一定金額之責。」可知年金保險的定義，應以生存與否的保險事故，作為年金給付與否的標準，年金保險可說是透過保險契約的方式提供客戶生存期間年金給付的商品。[20]年金保險商品的分類可以列述如下：

1. 年金保險依繳納保費方式分類

   年金保險依照繳納保費方式分類，可分為躉繳保費與分期繳費年金保險。[21]躉繳保費只繳納一次保費；分期繳保費需要定期繳納保費。目前許多銀行銷售的年金保險都以躉繳為主，投保躉繳年金保險通常保費的門檻比較高，諸如：10萬~50萬台幣。傳統型即期年金保險為躉繳；利率變動型年金保險也絕大部分為躉繳；變額年金保險則有躉繳與分期繳結合彈性繳費的商品型態。

   繳費方法還可採取彈性繳費，彈性繳費即為不定期不定額繳費，保戶可隨預算多寡彈性繳費，可以多次繳納、也可以只繳納一次，保費繳納金額不固定，可高

---

20 廖勇誠 (2012)，個人年金保險商品實務與研究，第 1 章
21 廖勇誠 (2014)，外幣保單與保險理財，第 1 章

可低，充滿彈性。彈性繳費的另一特色為保費繳納金額或繳納時點通常不影響契約效力，明顯與傳統型壽險商品不同。舉例來說，許多壽險公司銷售的分期繳變額年金保險商品，保戶繳納目標保費或基本保費外，還可以彈性繳納增額保險費，而且保戶可辦理緩繳或停繳目標保費或基本保費，十分便捷。[22]

2. 年金保險依照年金給付始期分類

年金保險依照年金給付始期分類，可分為即期年金保險與遞延年金保險。

(1)即期年金保險

即期年金保險為躉繳保費年金商品，保戶投保後當年年底或下一期就可以定期領取年金給付，非常適合屆臨退休年齡客戶或已累積足夠退休金的客戶投保。

(2)遞延年金保險

遞延年金保險在遞延期間之後，進入年金給付期間才開始領取年金給付。遞延年金保險的契約期間可區分為累積期間(遞延期間)與年金給付期間。保戶繳納保費後，年金保單的保單價值準備金將依據商品預定利率、宣告利率或基金淨值累積保單價值準備金或投資帳戶價值，等到年金化後進入年金給付

---

22 廖勇誠 (2012)，個人年金保險商品實務與研究，P.9

期間，年金被保險人生存，受益人就可以定期領取終身生存年金給付，可以提供保戶活的愈久，領的愈多的退休生活保障。

台灣利率變動型年金保險示範條款，包含二類型利率變動型年金保險示範條款：甲型與乙型。甲型與乙型的主要差異在年金給付開始後，甲型為定額年金給付；乙型則為利率變動型年金給付概念。甲型的利率變動型年金保險在年金給付期，若年金給付金額一旦決定，年金給付金額隨即維持固定不變。相較之下，乙型的利率變動型年金保險在年金給付期，首期年金給付金額決定後，第二期以後的年金給付金額將隨第二期以後的宣告利率與預定利率，調整未來各期的年金給付金額。

圖4-1 變額遞延年金保險圖示

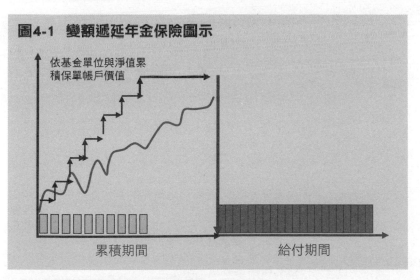

依基金單位與淨值累積保單帳戶價值

累積期間　　　　　　給付期間

3. 年金保險依照商品種類或給付單位為定額或變額分類

　　年金保險依照商品種類或給付單位為定額或變額分類，可以區分為定額年金與變額年金。若依照台灣年金保險的上市險種與條款進一步分類，可分為傳統型年金保險、利率變動型年金保險與變額年金保險。傳統型年金保險，預定利率維持不變，並由壽險公司承擔長期利率風險。利率變動型年金之宣告利率可定期調整；變額年金之投資報酬率繫於實際投資績效，保戶必須自行承擔投資風險，三者明顯不同。

　　相較之下，利率變動型年金保險與變額年金保險屬於新型態的年金保險商品，金融理財功能較強。利率變動型年金商品，其概念類似一年定期存款或定期儲蓄存款加上終身生存年金保險保障。[23]另外，變額年金保險商品，其概念類似共同基金等投資標的加上終身生存年金保險保障。列舉說明如下：

(1)傳統型(遞延)年金保險：壽險公司將要保人繳交的保險費扣除費用後，依預定利率等變數累積年金保單價值準備金；遞延期滿再依年金保單價值準備金

---

23 103 年起，利率變動型年金與萬能壽險商品的解約費用期間，至少都需要大於或等於 6 年，且各年之解約費用率至少 1%。**人身保險商品審查應注意事項第四十點之一、萬能壽險商品之解約費用收取年度至少六年，且各年之解約費用率至少百分之一。一二〇之一、利率變動型遞延年金保險商品之遞延期間及解約費用收取年度至少六年，且各年之解約費用率至少百分之一。**

計算年金金額並給付年金。

(2)利率變動型(遞延)年金保險：壽險公司將要保人繳交的保險費扣除費用後，依宣告利率累積年金保單價值準備金；遞延期滿再依年金保單價值準備金計算年金金額並給付年金。

(3)變額(遞延)年金保險：壽險公司將要保人繳交的保險費扣除費用後，投入要保人選擇的投資標的，並依據標的淨值與單位數累積保單帳戶價值；遞延期滿再依保單帳戶價值計算年金金額並給付年金。

4. 年金保險依照年金給付方式或有無保證金額分類

(1)終身生存年金保險(純粹終身生存年金)：被保險人生存才給付年金。

(2)保證期間終身年金保險：保證期間內身故，壽險公司仍繼續給付年金予受益人到保證期間屆滿為止或給付未支領年金餘額現值予受益人，例如：最低保證領取10年、15年或20年的年金給付。[24]

(3)保證金額終身年金保險：若被保險人身故時，累積已領取年金給付金額低於保證金額時，壽險公司應給付年金受益人保證金額扣除累積已領取年金給付金額之差額，例如：最低保證金額可設計為累積所繳保費加計5%利息。

---

24 即期年金保險商品之「未支領年金餘額」應限制身故保險金受益人不得申領提前給付。

5. 年金保險依照年金領取人人數分類

   (1)個人年金保險：年金被保險人只有1人。

   (2)連生年金保險(多數受領人年金保險)：年金被保險人有2人或2人以上。

   (3)團體年金保險：一張團體年金保單同時承保5人以上之企業或機構組織內所有成員。

第二節 個人年金保險商品保費基礎

一、傳統型年金保險或遞延年金給付期間費率的主要計算基礎

1. 預定危險發生率(生存率)：生存率愈高，預期領取生存給付愈多，保費愈貴。（與保費成正比）

2. 預定利率：利率愈低，保單預定利息收入愈低或保單折現率愈低，保費將愈貴。（與保費成反比）

3. 預定附加費用率：費用率愈高，需要收取的費用就愈高，保費將愈貴。（與保費成正比）

二、利潤來源三因素：壽險公司傳統型年金或遞延年金給付期間

1. 生存利益：實際生存率 < 預定生存率 (給付期間或傳統型年金)

2. 利差益：實際投資報酬率 >預定利率或宣告利率

3. 費差益：實際費用率＜預定費用率

三、年金保險責任準備金提存

1. 傳統型年金保險或遞延年金給付期間之最低責任準備金提存，採取平衡準備金制度，而非修正制準備金制度。

2. 利率變動型遞延年金保險累積期間責任準備金提存，以年金保單價值準備金全額提存，給付期間則依照平衡準備金制提存，但乙型需另依照宣告利率等變數調整責任準備金提存金額。[25]

3. 利率變動型遞延年金保險在累積期間，若提供保證利率，需依照附保證利率之萬能保險責任準備金計算方式增提準備金。

4. 給付期間預定危險發生率(利率變動型年金與傳統型年金相同)：自101/7/1起新銷售之年金保險商品，其預定危險發生率，以「台灣壽險業第二回年金生命表」為基礎由各公司自行訂定，計提責任準備金之生命表應以「台灣壽險業第二回年金生命表」為基礎，並以不超過計算保險費（年金金額）之預定危險發生率為準。

5. 變額遞延年金保險累積期間責任準備金提存，以保單

---

25 壽險採修正制準備金提存，調降首年準備金提存金額；年金保險則未採修正制準備金，完全依照平衡準備金提存。

帳戶價值全額提存，給付期間則依照平衡準備金制提存，但乙型需另依照宣告利率等變數調整責任準備金提存金額。

四、壽險公司年金保險資產帳戶之管理

1. 傳統型年金資產仍歸屬於一般帳戶管理，並由壽險公司投資。
2. 利率變動型年金資產必須採取資產區隔帳戶管理，並由壽險公司投資。
3. 變額年金資產必須採分離帳戶管理，資金運用視要保人選定之連結標的而定。

五、利率變動型年金保險與傳統型人壽保險商品特色之差異比較

年金保險與人壽保險商品特色差異頗多，就利率變動型年金保險與傳統型壽險比較差異如下：

表4-1

項目	利率變動型年金保險	傳統型人壽保險
主要商品	即期年金，遞延年金	定期壽險、終身壽險、養老保險
身故保障	●即期年金：無身故保障 ●遞延年金：累積期間身故退還保單價值準備金，並無額外保險給付；給付期間無身故保障	●身故保險金：依契約約定的保險金額給付

項目	利率變動型年金保險	傳統型人壽保險
		● 若為儲蓄型保險或生死合險，身故保險金常採保險金額、保單價值準備金、所繳保費扣除已領生存金等，依三者取最高者給付。
純保費計算基礎	● 傳統型年金或遞延年金給付期間之費率，通常考慮生存率、預定利率或宣告利率 ● 年金給付日年齡愈輕，保費愈貴	● 考慮死亡率與預定利率 ● 年紀愈輕，通常保費愈便宜
生存給付	● 活得愈久、領得愈多 ● 屬於年金給付型態	● 可能為一次給付的滿期保險金、定期給付的生存保險金或純保障型態
費用揭露	● 費用明確揭露	● 未明確揭露，保戶無法得知費用明細
保單貸款	● 即期年金：不可辦理保單貸款 ● 遞延年金：累積期間可辦理保單貸款，年金給付期則否	● 可辦理保單貸款
解約或提領	● 即期年金：投保後不可辦理解約或提領 ● 遞延年金：累積期間可辦理解約或提領，年金給付期則否	● 可辦理全部解約或部分解約
責任準備金提存	● 累積期間：提存金額為年金保單價值準備金 ● 給付期間或即期年金：採平衡責任準備金	● 台幣保單之責任準備金提存利率約為0.5%~2.25% ● 採修正制責任準備金

六、利率變動型年金與變額年金商品特色比較

就利率變動型遞延年金與變額遞延年金商品，比較二者特色如下：

表4-2

商品別	變額遞延年金	利率變動型遞延年金
概念	共同基金等標的+年金給付	定期存款+年金給付
保單價值準備金累積	依照基金淨值與單位數累積保單帳戶價值	依照宣告利率累積(宣告利率每月或每年調整)
保費繳納	躉繳、分期繳、彈性繳費	躉繳、分期繳、彈性繳費
費用揭露	費用明確揭露	費用明確揭露
客戶主要風險承擔	投資風險由保戶承擔	利率波動風險由保戶承擔
其他	多元化投資標的選擇、免費基金移轉	IRR高於定存利率、費用低

第三節 個人年金保險商品示範條款摘要與說明

考量台灣壽險市場的傳統型年金保險商品銷售佔率低且即期年金保險的銷售業績有限，因此本單元以利率變動型遞延年金示範條款為核心，摘錄較重要的示範條款內容並提出說明如下：

名詞定義

第二條

本契約所稱「保證期間」係指依本契約約定，不論被保險人生存與否，本公司保證給付年金之期間。

本契約所稱「保證金額」係指依本契約約定，不論被保險人生存與否，本公司保證給付年金之總額。

本契約所稱「年金金額」係指依本契約約定之條件及期間，本公司分期給付之金額。

本契約所稱「未支領之年金餘額」係指被保險人於本契約年金保證期間（或保證金額）內尚未領取之年金金額。

本契約所稱「宣告利率」係指本公司於本契約生效日或各保單週年日當月宣告並用以計算該年度年金保單價值準備金之利率，該利率本公司將參考○○○訂定之，且不得為負數。

本契約所稱「預定利率」係指本公司於年金給付開始日用以計算年金金額之利率。

說明：

1. 為避免投保年金保險後，因短期身故而造成保戶虧損，年金給付方式常採用最低保證領取10年、15年、20年或25年等方式。若被保險人在保證期間身故，壽險公司依契約支付未支領之年金餘額或繼續支付年金給受益人。

2. 即期年金或遞延年金之年金給付期間，可分為兩種給付型態：甲型與乙型，甲型年金給付金額為固定金

額，乙型則透過宣告利率調整每期年金領取金額。

3. 即期年金與遞延年金年金給付期間內，不得辦理終止(解約)、提領或保單貸款。

年金保單價值準備金的通知與計算

第六條

年金給付開始日前，本公司於本契約每一保單年度末，應依約定方式通知要保人其年金保單價值準備金。

前項年金保單價值準備金係指依下列順序計算所得之金額：

第一保單年度：

一、 已繳保險費扣除附加費用。

二、 扣除要保人申請減少之金額。

三、 每日依前二款之淨額加計按宣告利率以單利法計算之金額。

第二保單年度及以後：

一、 保單年度初之年金保單價值準備金與當年度已繳保險費扣除附加費用後之和。

二、 扣除要保人申請減少之金額。

三、 每日依前二款之淨額加計按宣告利率以單利法計算之金額。

說明：

1. 保戶繳納每筆保費均需扣除附加費用，再以當期宣告利率計算利息。

2. 要保人申請減少之金額其實就是要保人提領部分的年金保單價值準備金。若保戶提領年金保單價值準備金，當然需要自年金保單價值準備金中扣除。

年金給付的開始

第七條

要保人投保時可選擇於第○保單週年日屆滿後之一特定日做為年金給付開始日，但不得超過保險年齡達○○歲之保單週年日；要保人不做給付開始日的選擇時，本公司以被保險人保險年齡達○○歲之保單週年日做為年金給付開始日。

要保人亦得於年金給付開始日的○○日前以書面通知本公司變更年金給付開始日；變更後的年金給付開始日須在申請日○○日之後，且須符合前項給付日之規定。

說明：

1. 遞延年金商品設計，需要符合遞延期間的最低年期要求，例如：最低六年的遞延期間。

2. 要保人可自行選擇特定年度後將年金保單價值準備金年金化，進入年金給付期。

3. 要保人也可以不做年度選擇，此時將依照保險契約約

定之保險年齡，做為年金給付開始日，例如：70歲。

年金金額的計算

第八條

在年金給付開始日時，本公司以當時之年金保單價值準備金（如有保險單借款應扣除保險單借款及其應付利息後），依據當時預定利率及年金生命表計算每○給付年金金額。

前項每○領取之年金金額若低於新台幣○元時，本公司改依年金保單價值準備金於年金給付開始日一次給付受益人，本契約即行終止。

如年金給付開始日的年金保單價值準備金已逾年領年金金額新台幣○元所需之年金保單價值準備金，其超出的部份之年金保單價值準備金返還予要保人。

說明：

1. 要保人選擇將年金保單價值準備金年金化時，壽險公司依照年金化當時的預定利率及年金生命表(性別、年齡)計算未來可領取的年金金額。

2. 考量年金保單價值準備金金額可能偏低，造成未來領取的年金金額過低，不僅浪費行政作業成本且不符合民眾需求，因此條款約定年領金額過低，可將年金保單價值準備金一次給付予受益人。

3. 年金給付金額超過約定上限時，例如：每年年金給付金額超過120萬元。壽險公司需將超過部分的年金保單價值準備金返還予要保人。

契約的終止及其限制

第九條

要保人得於年金給付開始日前終止本契約，本公司應於接到通知後一個月內償付解約金，逾期本公司應按年利一分加計利息給付。

前項解約金為年金保單價值準備金扣除解約費用，其歷年解約費用率如附表。

第一項契約的終止，自本公司收到要保人書面通知時，開始生效，終止日當日之利息需計算於年金保單價值準備金內。

年金給付期間，要保人不得終止本契約。

說明：

1. 年金累積期間若要保人有資金需求，可辦理解約(全部終止)。

2. 壽險公司將年金保單價值準備金扣除解約費用後，支付餘額予要保人。

3. 年金給付期間，要保人不得終止契約(不得解約)。

年金保單價值準備金的減少

第十條

年金給付開始日前，要保人得申請減少其年金保單價值準備金，每次減少之年金保單價值準備金不得低於新台幣○○元且減額後的年金保單價值準備金不得低於新台幣○○元。

前項減少部分之年金保單價值準備金，視為契約之部分終止，其解約金計算，依第九條第二項規定辦理。

說明：

1. 在年金累積期間內，若要保人有資金需求，可辦理減少其年金保單價值準備金，又稱提領或部分解約。

2. 壽險公司支付減少部分之年金保單價值準備金予要保人，仍須扣除解約費用率。提領部分保單價值準備金後，年金保單繼續有效。

3. 年金給付期間，要保人不得辦理提領。

被保險人身故的通知與返還年金保單價值準備金

第十一條

被保險人身故後，要保人或受益人應於知悉被保險人發生身故後通知本公司。

被保險人之身故若發生於年金給付開始日前者，本公司將返還年金保單價值準備金，本契約即行終止。

被保險人之身故若發生於年金給付開始日後者，如仍有未支領之年金餘額，本公司應將其未支領之年金餘額依約定給付予身故受益人或其他應得之人。

說明：

1. 被保險人在累積期間內身故，壽險公司依契約約定返還年金保單價值準備金，契約即行終止。
2. 被保險人在年金給付期間內身故，若仍在保證期間內或領取金額低於保證金額，則壽險公司給付未支領年金餘額。

年金的申領

第十四條

被保險人於年金給付開始日後生存期間每年第一次申領年金給付時，應提出可資證明被保險人生存之文件。但於保證期間（或保證金額）內不在此限。

保證期間（或保證金額）年金受益人得申請提前給付，其計算之貼現利率為○○。

被保險人身故後仍有未支領之年金餘額時，受益人申領年金給付應檢具下列文件：

一、 保險單或其謄本。

二、 被保險人死亡證明文件及除戶戶籍謄本。

三、 受益人的身分證明。

因可歸責於本公司之事由致逾應給付日未給付時，應給付遲延利息年利一分。

說明：

1. 申領年金給付，應提出生存證明文件。
2. 但於保證期間（或保證金額）內，不須提出生存證明文件。

保險單借款、契約效力的停止及恢復

第十六條

年金開始給付前，要保人得向本公司申請保險單借款，其可借金額上限為借款當日年金保單價值準備金之○○％，未償還之借款本息，超過其年金保單價值準備金，本契約效力即行停止。但本公司應於效力停止日之三十日前以書面通知要保人。

本公司未依前項規定為通知時，於本公司以書面通知要保人返還借款本息之日起三十日內要保人未返還者，保險契約之效力自該三十日之次日起停止。

本契約停止效力後，要保人得在停效日起○○年內（不得低於二年），申請復效，並不得遲於年金給付開始日。要保人屆期仍未申請復效者，本契約效力即行終止。

前項復效申請，經要保人清償保險單借款本息後，自翌日上午零時起，開始恢復其效力。

要保人清償保險單借款本息，其未償餘額合計不得逾依第一項約定之保險單借款可借金額上限。

年金給付期間，要保人不得以保險契約為質，向本公司借款。

說明：

1. 保單借款方式多元化：要保人辦理保單借款，可採取委託業務人員辦理、臨櫃辦理、電話語音與ATM保單借款等多元方式。

2. 保單借款利率自由化：各公司考量商品預定利率、宣告利率或放款利率後，制定各商品之保單貸款利率水準。另外各公司將依照險種別或躉繳分期繳別，訂立保單的可貸成數。

3. 壽險公司應每月公告保單貸款利率，民眾可至網站查詢或到保戶服務櫃台洽詢。

4. 壽險公司可因應公司策略與資金情況，在不違反法規與條款約定條件下，調整不同繳費方式或不同商品種類之可借金額上限。

5. 在年金累積期間，要保人若有資金需求可向壽險公司辦理保單借款。未償還之借款本息，超過其保單價值準備金時，契約效力即行停止。但壽險公司應於效力停止日之三十日前以書面通知要保人。契約效力停止後，要保人可以在二年內辦理復效。

6. 年金給付期間，要保人不得以保險契約為質，向壽險公司辦理保單借款。

受益人的指定及變更

第十八條

本契約受益人於被保險人生存期間為被保險人本人，本公司不受理其指定或變更。

除前項約定外，要保人得依下列規定指定或變更受益人：

一、於訂立本契約時，得經被保險人同意指定身故受益人，如未指定者，以被保險人之法定繼承人為本契約身故受益人。

二、除聲明放棄處分權者外，於保險事故發生前得經被保險人同意變更身故受益人，如要保人未將前述變更通知本公司者，不得對抗本公司。

前項身故受益人的變更，於要保人檢具申請書及被保險人的同意書送達本公司時，本公司即予批註或發給批註書。

第二項之身故受益人同時或先於被保險人本人身故，除要保人已另行指定外，以被保險人之法定繼承人為本契約身故受益人。

本契約如未指定身故受益人，而以被保險人之法定繼承人為本契約身故受益人者，其受益順序適用民法第一千一百三十八條規定，其受益比例除契約另有約定外，適用民法第一千一百四十四條規定。

說明：

    1. 年金保險契約受益人於被保險人生存期間為被保險人本人。

    2. 身故給付需指定受益人；若未指定則以法定繼承人為身故受益人。

第四節 考題解析

壹、選擇題：

一、有關利率變動型年金與變額年金之說明，下列何者正確？

A.利率變動型年金與變額年金都採分離帳戶

B.利率變動型年金在年金累積期間，保險公司依國內主要銀行定存利率加減碼作為預定利率

C.變額年金在年金累積期間，保險公司並不提供保證利率

D.利率變動型年金與變額年金之利率風險皆由保戶自行承擔

參考解答：C

二、依利率變動型年金保險費率相關規範，對於利率變動型年金保險之說明，下列何者錯誤？

A.年金累積期間，保險公司依據要保人交付之保險費，

減去附加費用後，依宣告利率計算年金保單價值準備金

B.年金給付開始時，依年金保單價值準備金計算解約金

C.甲型：年金給付開始時，以當時之年齡、預定利率及年金生命表換算定額年金

D.乙型：年金給付開始時，以當時之年齡、預定利率、宣告利率及年金生命表計算第一年年金金額，第二年以後以宣告利率及上述之預定利率調整各年度之年金金額

參考解答：B

三、對於年金保險與人壽保險主要差異的敘述，下列何者正確？

A.均是利他行為的表現

B.均以生命表為保費擬訂的基礎

C.均出於多數人共同分攤損失的觀念

D.均能在契約有效期間內，隨時終止契約

參考解答：C

●年金保險強調因生存所致之所得(財務)負擔；與壽險存有差異。

四、下列何種條款，不存在於年金保險單？

A.自動墊繳保費條款

B.受益權益確保條款

C.猶豫期條款

D.年齡錯誤條款

參考解答：A

五、年金保險之年金領取人領到定額固定不變的年金給付，所面臨通貨膨脹的風險，稱為：

A.財務風險

B.市場風險

C.利率風險

D.購買力風險

參考解答：D

貳、解釋名詞：

一、利率變動型年金保險：

參考解答：

壽險公司將要保人繳交的保險費扣除費用後，依宣告利率累積年金保單價值準備金；遞延期滿再依年金保單價值準備金計算年金金額並給付年金。

二、變額年金保險：

參考解答：

壽險公司將要保人繳交的保險費扣除費用後，投入要保人選擇的投資標的，並依據標的淨值與單位數累積保單帳戶

價值；遞延期滿再依保單帳戶價值計算年金金額並給付年金。

三、何謂「預存管理契約」型（Deposit-Administration Contract）之團體年金保險？

參考解答：

預存管理契約的團體年金保險屬於非個人帳戶型的退休金計畫，退休金計畫參與者所繳保費，將以類似存款方式累積保單價值準備金，並於退休時以購買即期年金方式提供退休年金給付。另外，很多壽險公司的預存管理契約退休金提供最低保證收益率，因此保單價值準備金最後餘額仍需視該收益率與繳納保費金額而定。[26]

四、股價指數年金(EIA, Equity Index Annuity)：

參考解答：

在年金累積期間，保單帳戶價值與特定股價指數變動率攸關；累積期滿再依當時保單帳戶價值或最低保證帳戶價值計算年金金額並給付年金。(作者補充考題)

叁、問答題或簡答題：
一、說明促成我國年金保險發展之主要原因。另分別從

---

26 參閱 Dictionary of Insurance Terms

"年金給付始期"及"年金給付方式",説明商業年金保險之分類。

參考解答:

1. 促成我國年金保險發展之主要原因:

    (1)高齡化社會:人口高齡化與少子化,加速帶動了年金保險與退休金的發展。

    (2)低利率時代且市場資金充沛:加快了個人理財與財富管理時代的來臨,不僅增加民眾的投資儲蓄意願,更讓民眾樂於透過保險從事各項保險理財。

    (3)利差損時代來臨:壽險業處於利差損環境下,有賴多元化保險商品分散風險,伴隨壽險公司與監理機關的積極推動,因而帶動年金保險的崛起。

    (4)銀行保險通路的崛起:銀行保險通路保費佔率持續攀升後,對於保險理財商品的銷售,產生了正面的助益。

    (5)年金保險功能獨特:年金保險具有利率變動型年金或變額年金、即期或遞延年金等多元化商品,除了提供宣告利率累積或多元化投資工具選擇外,更提供活得愈久領得愈多的生存年金給付。

2. 商業年金保險之分類:年金保險依照年金給付始期分類,可分為即期年金保險與遞延年金保險。

    (1)即期年金保險

      即期年金保險為躉繳保費年金商品,保戶投保後當

年年底或下一期就可以定期領取年金給付，非常適合屆臨退休年齡客戶或已累積足夠退休金的客戶投保。

(2)遞延年金保險

遞延年金保險的契約期間可區分為累積期間(遞延期間)與年金給付期間。保戶繳納保費後，年金保單的保單價值準備金將依據商品預定利率、宣告利率或基金淨值累積保單價值準備金或投資帳戶價值；等到年金化後進入年金給付期間，年金被保險人生存，受益人就可以定期領取終身生存年金給付，可以提供保戶活的愈久，領的越多的退休生活保障。

3. 商業年金保險之分類：依照年金給付方式分類，可以區分為定額年金與變額年金。若依照年金保險的上市險種與條款進一步分類，可分為傳統型年金保險、利率變動型年金保險與變額年金保險。

(1)傳統型(遞延)年金保險：壽險公司將要保人繳交的保險費扣除費用後，依預定利率等變數累積年金保單價值準備金；遞延期滿再依年金保單價值準備金計算年金金額並給付年金。

(2)利率變動型(遞延)年金保險：壽險公司將要保人繳交的保險費扣除費用後，依宣告利率累積年金保單價值準備金；遞延期滿再依年金保單價值準備金計

算年金金額並給付年金。

(3)變額(遞延)年金保險：壽險公司將要保人繳交的保險費扣除費用後，投入要保人選擇的投資標的，並依據標的淨值與單位數累積保單帳戶價值；遞延期滿再依保單帳戶價值計算年金金額並給付年金。

二、說明商業性年金保險之意義。並比較商業性年金保險與人壽保險的差異。

參考解答：

1. 保險法第135條－1規定：「年金保險人於被保險人生存期間或特定期間內，依照契約負一次或分期給付一定金額之責。」可知年金保險的意義，應以生存與否的保險事故，作為年金給付與否的標準。年金保險可說是透過保險契約的方式提供客戶生存期間年金給付的商品。

2. 年金保險與人壽保險商品差異頗多，就利率變動型年金保險與傳統型壽險比較差異如下：

項目	利率變動型年金保險	傳統型人壽保險
主要商品	即期年金，遞延年金	定期壽險、終身壽險、養老保險
身故保障	●即期年金：無身故保障 ●遞延年金：累積期間身故退還保單價值準備金，並無額外保險給付；給付期間無身故保障	●身故保險金：依契約約定的保險金額給付 ●若為儲蓄型保險或生死合險，身故保險金常採保險金額、保單價值準

項目	利率變動型年金保險	傳統型人壽保險
		備金、所繳保費扣除已領生存金等,依三者取最高者給付。
純保費計算基礎	●傳統型年金或遞延年金給付期間之費率,通常考慮生存率、預定利率或宣告利率 ●年金給付日年齡愈輕,保費愈貴	●考慮死亡率與預定利率 ●年紀愈輕,通常保費愈便宜
生存給付	●活得愈久、領得愈多 ●屬於年金給付型態	●可能為一次給付的滿期保險金、定期給付的生存保險金或純保障型態
費用揭露	●費用明確揭露	●未明確揭露,保戶無法得知費用明細
保單貸款	●即期年金:不可辦理保單貸款 ●遞延年金:累積期間可辦理保單貸款,年金給付期則否	●可辦理保單貸款
解約或提領	●即期年金:投保後不可辦理解約或提領 ●遞延年金:累積期間可辦理解約或提領,年金給付期則否	●可辦理全部解約或部分解約
責任準備金提存	●累積期間:提存金額為年金保單價值準備金 ●給付期間或即期年金:採平衡責任準備金	●台幣保單之責任準備金提存利率約為0.5%~2.25% ●採修正制責任準備金

三、在目前日趨高齡化的台灣社會而言，年金保險已成為老年安養的財務工具。請說明年金保險的意義及其與儲蓄之差異性，並說明目前年金保險產品之主要類型。

參考解答：

1. 年金保險的意義

   保險法第135條－1規定：「年金保險人於被保險人生存期間或特定期間內，依照契約負一次或分期給付一定金額之責。」可知年金保險的意義，應以生存與否的保險事故，作為年金給付與否的標準。年金保險可說是透過保險契約的方式提供客戶生存期間年金給付的商品。

2. 利率變動型年金保險與儲蓄之差異性

   年金保險儲蓄功能強，也讓許多民眾將年金保險當作定期存款的替代工具，然而年金保險與一般的儲蓄仍存在許多差異，摘要列表就利率變動型年金保險與存款比較如下：

項目	利率變動型年金保險	定期存款或定期儲蓄存款
商品期間	終身為主，解約費用期至少6年	通常1個月~2年
身故保障	●即期年金：無身故保障 ●遞延年金：累積期間身故退還保單價值準備金，並無額外保險給付；給付期間無身故保障	無額外身故保障，身故時由繼承人領取定存本息。

項目	利率變動型年金保險	定期存款或定期儲蓄存款
生存給付	● 提供活得愈久、領得愈多的生存年金給付 ● 以生死不確定性為給付條件	● 屬於確定年金：存本取息、整存零付或零存整付；並未以生死不確定性為給付條件。
費用項目	● 費用明確揭露 ● 費用項目較多，包含保費用、解約費用等項目	● 無任何費用，但定存提前解約需要利息打折。

3. 年金保險商品之主要類型：依照年金給付方式分類，可以區分為定額年金與變額年金。若依照年金保險的上市險種與條款進一步分類，可分為傳統型年金保險、利率變動型年金保險與變額年金保險。

(1)傳統型(遞延)年金保險：壽險公司將要保人繳交的保險費扣除費用後，依預定利率等變數累積年金保單價值準備金；遞延期滿再依年金保單價值準備金計算年金金額並給付年金。

(2)利率變動型(遞延)年金保險：壽險公司將要保人繳交的保險費扣除費用後，依宣告利率累積年金保單價值準備金；遞延期滿再依年金保單價值準備金計算年金金額並給付年金。

(3)變額(遞延)年金保險：壽險公司將要保人繳交的保險費扣除費用後，投入要保人選擇的投資標的，並依據標的淨值與單位數累積保單帳戶價值；遞延期滿再依保單帳戶價值計算年金金額並給付年金。

四、請就商品概念、保價金累積、費用揭露與繳費方式等面向，概略比較利率變動型年金與變額年金之特色。(作者自編)

參考解答：

商品別	變額遞延年金	利率變動型年金
商品概念	共同基金等標的+年金給付	定期存款+年金給付
保單價值準備金累積	依照基金淨值與單位數累積保單帳戶價值	依照宣告利率累積(宣告利率每月或每年調整)
保費繳納	躉繳、分期繳、彈性繳費	躉繳、分期繳、彈性繳費
費用揭露	費用明確揭露	費用明確揭露
客戶主要風險承擔	投資風險由保戶承擔	利率波動風險由保戶承擔
其他	多元化投資標的選擇、免費基金移轉	IRR高於定存利率、費用低

五、何謂利率變動型年金保險契約中所稱之「宣告利率」？在94年6月1日以前及94年6月1日以後，該「宣告利率」水準如何訂定？另該「宣告利率」之訂定標準在94年6月1日改變的主要原因為何？

參考解答：

1. 「宣告利率」指壽險公司於契約生效日或各保單週年日當月宣告並用以計算該年金保單價值準備金之利率，該利率由壽險公司參考市場利率與資產區隔帳戶

投資報酬率等因素訂定，且不得為負數。

2. 關於利率變動型年金保險的宣告利率規範，台灣先後曾有三次變革，摘錄如下：

(1) 90年4月3日規範：以二年定期儲蓄存款利率為基準加減碼，作為宣告利率的上下限。

(2) 94年5月24日規範：宣告利率不得高於十年期政府公債次級市場殖利率的規定。

(3) 96年4月1日規範：依據「萬能保險與利率變動型年金保險精算實務處理準則」關於資產區隔、投資準則及現金流量測試等風險控管機制辦理；有關宣告利率不得高於十年期政府公債次級市場殖利率上限的限制取消。

3. 96年4月1日改變之主要原因：依據精算學會的「萬能保險與利率變動型年金保險精算實務處理準則」關於資產區隔、投資準則及現金流量測試等風險控管機制辦理，且該商品依保險商品銷售前程式作業準則的規定辦理修正者，其初年度的宣告利率得依相關資產的報酬率自行設定，即得免受有關宣告利率不得高於十年期政府公債次級市場殖利率上限的限制。

資料來源：廖勇誠(101)，個人年金保險商品實務與研究[27]

六、商業遞延年金保險的要保人在年金累積期解約時，保險公司收取解約費用的目的為何？

參考解答：

1. 依照人身保險商品審查應注意事項，利率變動型遞延年金保險至少須收取六年的解約費用、而且每年之解約費用率至少達1%。

2. 收取解約費用之目的：

   (1)商品精算面：商品訂價或利潤測試時之假設存續期間較長，但若無解約費用之設計，將導致保戶短期解約提領抑或未滿六年就全部解約之情況，因而造成壽險公司之損失。

   (2)財務投資面：壽險公司須符合資產負債允當配合原則，壽險公司對於遞延年金保險保費多從事長期投資，諸如：債券投資。假若無解約費用設計將導致公司失卻長期清償能力。

   (3)銷售行政面：民眾投保後短期解約或提領行為，除增加壽險公司行政負擔與成本外，也容易造成銷售誤導或銷售不實之風險；並且公司銷售風險或保費風險也增加。

---

27 99 年 11 月以前，金管會保險局對於利率變動型年金保險的附加費用率、解約費用率與解約費用期間，並無明確限制。然而 99 年 11 月起，金管會保險局對於利率變動型年金保險的費用收取，要求各商品需收取附加費用及解約費用且解約費用期間至少 3 年或 6 年，解約費用率每年至少 1%。該項費用規範限制了利率變動年金保險商品的發展，因此 99 年 11 月後，利率變動型年金保險的業績逐漸下滑。

七、試說明「年金」與「年金保險」的差異為何？

參考解答：

1. 年金：指定期性、連續性的給付模式，例如：可採取每年給付或每月給付模式。一般來說，年金可區分為確定年金與不確定年金兩種。

2. 年金保險：保險法第135條-1規定：「年金保險人於被保險人生存期間或特定期間內，依照契約負一次或分期給付一定金額之責。」可知年金保險的定義，應以生存與否的保險事故，作為年金給付與否的標準，概念上年金保險可說是透過保險契約的方式提供客戶生存期間年金給付的商品；也屬於不確定年金商品。

第五章 健康險與傷害險商品概要與條款解析

第一節 健康保險商品分類與保費基礎

一、健康保險商品與分類

　　健康保險主要用來彌補醫療費用及所得收入的經濟損失。健康保險商品可依保障期間、是否保證續保及保障內容，區分以下商品類型：

1. 依保障期間長短：可分為一年期、定期及終身型。

2. 依醫療給付方式：實支實付醫療保險或日額型醫療保險。

3. 依續保條件：可分為保證續保、非保證續保。

4. 依保障內容：可分為重大疾病、癌症保險、醫療費用、手術、長期照護及失能給付保險。

5. 承保範圍

　　健康保險承保範圍包含疾病與意外所致之醫療保險事故，而且契約通常訂有疾病等待期間，諸如30天。主要健康保險商品之承保範圍摘要如下：

(1) 實支實付型住院醫療保險：針對自行負擔之醫療費用及全民健康保險不給付之範圍提供醫療補償，給付項目包含每日病房費、手術費用、住院醫療費用等。

(2) 日額給付型住院醫療保險：日額型住院醫療保險依住院天數給付各項保險金，可補償民眾病房費差額與住院期間的收入損失。依照現行規範，壽險業者

推出之終身醫療(健康)保險，只可推出有給付上限
之帳戶型終身醫療保險，抑或推出具有保費調整機
制的終身醫療保險；實務上絕大部份業者推出的終
身醫療保險屬於有上限的終身醫療保險。

(3)防癌健康保險：針對癌症治療費用設計的醫療保險
商品，給付項目通常包含住院醫療日額、出院療養
保險金、癌症身故保險金、初次罹癌、化療、放射
線治療或其他癌症給付。

(4)重大疾病保險：當罹患重大疾病時，保險公司可立
即給付重大疾病保險金，提供被保險人醫療費用與
生活費用之補償。重大疾病項目包含急性心肌梗
塞、末期腎病變、腦中風後殘障、癌症、癱瘓、重
大器官移植或造血幹細胞移植與冠狀動脈繞道手術
等七項。壽險公司推出的重大疾病保險商品可以是
主約或附約型態，也可以為終身或定期型態，可以
設計成人壽保險商品或健康保險商品。

(5)一年期傷害醫療保險：提供意外醫療費用補償，涵
蓋意外住院與門診醫療費用補償、意外住院日額或
骨折未住院日額等給付。

(6)長期照顧保險或長期照護保險：經醫師診斷判定符
合長期照顧狀態時，壽險公司依約定金額給付長期
照顧保險金之保險商品。長期照顧狀態通常是指判
定符合下列二種情形之一者：

a. 生理功能障礙：進食、移位、如廁、沐浴、平地移動與更衣障礙等六項日常生活自理能力持續存在三項以上(含)之障礙。

b. 認知功能障礙：被診斷確定為失智狀態並有分辨上的障礙，在意識清醒的情況下有時間、場所與人物分辨上之障礙，判定有三項分辨障礙中之二項(含)以上者。

(7)失能所得保險：當被保險人因為疾病或意外事故而完全失能或部分失能時，依契約提供被保險人或受益人定期失能給付，以彌補被保險人所得收入之損失。

(8)實物給付型保險商品：指保險契約中約定保險事故發生時，保險公司透過提供約定之物品或服務以履行保險給付責任。實物給付型商品得採取實物給付與現金給付混合之方式設計。

NEW：
- 金管會於97年4月訂定發布《財產保險業經營傷害保險及健康保險業務管理辦法》，同意產險業經營一年期非保證續保的健康險與傷害險業務；並於104年12月放寬產險業者，得經營三年期以下且不保證續保之傷害保險及健康保險。
- 實物給付型保險商品，指保險契約中約定保險事故發生時，保險公司透過提供約定之物品或服務以履行保險給付責任。實物給付型商品得採取實物給付與現金給付混合之方式設計。(104年7月)
- 104年開放OIU保單(外籍人士保單)。

> ●傷害險殘廢等級表修訂、重大疾病修訂、開放保險給付選擇權。
> ●開放外幣健康險、長期照顧保險、責任準備金利率調整等。

1. 預定疾病發生率(罹病率)：罹病率愈高，預期未來醫療給付金額愈高，保費將愈貴。（與保費成正比）

2. 平均住院日數或平均醫療費用金額：每位病患每次平均住院的天數愈久或平均醫療費用金額愈大，預期未來醫療給付金額愈高，保費將愈貴。（與保費成正比）

3. 預定利率：定期醫療保險或終身醫療保險商品保費，受保單預定利率影響較大，利率愈低、折現率愈低，保費將愈貴（與保費成反比）。另外，一年期醫療保險保費，與預定利率並無顯著關係。

4. 預定附加費用率：費用率愈高，需要收取的費用就愈高，保費將愈貴。（與保費成正比）

三、健康保險與人壽保險商品差異比較

健康保險與人壽保險商品差異頗多；就承保事故來說，人壽保險承保被保險人之生存或死亡事故，並在事故發生時提供死亡或生存給付。健康保險承保被保險人之疾病或意外事故，並在事故發生時提供醫療費用的補償或津

---

28 失能所得保險保費計算基礎涉及失能機率、失能期間長短、利率與費用率等變數。

貼。另就「保險期間」、「準備金提存」、「費率釐訂因素」、「給付基礎」等角度，列表比較其差異如下：

表5-1

項目	健康保險(一年期)	人壽保險
保險期間	一年期	定期、終身
準備金提存	主要為未滿期保費準備金、特別準備金	主要為壽險責任準備金
費率釐訂因素	罹病率、費用率、平均醫療費用金額或平均住院日數	死亡率、費用率、利率
給付基礎	●日額型：定值保險契約，依照住院日數給付日額津貼。 ●實支實付型：損害補償契約，依照自付醫療費用金額補償。	●屬於定額保險契約 ●身故保險金：被保險人於保障期間身故時，給付身故保險金。 ●滿期保險金或生存保險金：被保險人於特定期間屆滿仍生存時，給付滿期保險金或生存保險金。
住院醫療費用補償或日額津貼	日額津貼或實支實付補償	無住院津貼或醫療補償
身故給付	無	提供身故保險金給付
生存給付	無	養老保險提供生存給付

第二節 醫療險示範條款摘錄與說明

本節摘錄一年期醫療險示範條款(實支實付型與日額型)並說明如下：

名詞定義

第二條

本契約所稱「疾病」係指被保險人自本契約生效日（或復效日）起所發生之疾病。

本契約所稱「傷害」係指被保險人於本契約有效期間內，遭受意外傷害事故，因而蒙受之傷害。

本契約所稱「意外傷害事故」係指非由疾病引起之外來突發事故。

本契約所稱「醫院」係指依照醫療法規定領有開業執照並設有病房收治病人之公、私立及醫療法人醫院。

● 給付日間留院適用：本契約所稱「住院」係指被保險人經醫師診斷其疾病或傷害必須入住醫院，且正式辦理住院手續並確實在醫院接受診療者，包含精神衛生法第三十五條所稱之日間留院。

● 不給付日間留院適用：本契約所稱「住院」係指被保險人經醫師診斷其疾病或傷害必須入住醫院，且正式辦理住院手續並確實在醫院接受診療者。但不包含全民健康保險法第五十一條所稱之日間住院及精神衛生法第三十五條所稱

之日間留院。

說明：

1. 醫療保險無論被保險人因疾病或意外傷害住院，皆能獲得理賠；傷害醫療保險則限制被保險人因為意外傷害就醫，才能獲得理賠。

2. 被保險人自契約生效日（或復效日）起所發生之疾病才能獲得理賠，投保前的既往症(投保前已罹患的疾病)無法獲得理賠。

3. 壽險公司通常會約定30天的疾病等待期間，等待期間發生疾病，壽險公司不予理賠，等待期間之後因疾病住院，才能獲得理賠。

4. 保險公司之醫療保險商品，是否給付日間留院，在條款中必須明確記載並納入保費計算。

5. 補充：重大疾病或癌症等健康保險的疾病等待期最長可約定90天。

保險期間的始日與終日

第三條

本契約的保險期間，自保險單上所載期間之始日午夜十二時起至終日午夜十二時止。但契約另有約定者，從其約定。

說明：契約約定的保險期間：始日午夜十二時起至終日午夜十二時止；因此投保當天晚上十二時生效。

保險範圍

第四條

被保險人於本契約有效期間內因第二條約定之疾病或傷害住院診療時，本公司依本契約約定給付保險金。

說明：因意外住院或等待期間後因疾病住院診療，可透過醫療保險獲得醫療費用補償或住院日額津貼。

每日病房費用保險金之給付(實支實付醫療險)

第五條

被保險人因第四條之約定而以全民健康保險之保險對象身分住院診療時，本公司按被保險人住院期間內所發生，且依全民健康保險規定其保險對象應自行負擔及不屬全民健康保險給付範圍之下列各項費用核付。

一、超等住院之病房費差額。

二、管灌飲食以外之膳食費。

三、特別護士以外之護理費。

說明：以全民健保身分就醫，每日病房費用部分需要自行負擔病房費差額、膳食費與護理費用等項目，透過投保實

支實付醫療保險，可以獲得病房費用的補償。

住院醫療費用保險金之給付(實支實付醫療險)

第六條

被保險人因第四條之約定而以全民健康保險之保險對象身分住院診療時，本公司按被保險人住院期間內所發生，且依全民健康保險規定其保險對象應自行負擔及不屬全民健康保險給付範圍之下列各項費用核付。

一、醫師指示用藥。

二、血液（非緊急傷病必要之輸血）。

三、掛號費及證明文件。

四、來往醫院之救護車費。

五、超過全民健康保險給付之住院醫療費用。

● 給付日間留院適用：被保險人因第四條之約定而以全民健康保險之保險對象身分日間留院診療時，本公司按其實際日間留院費用金額給付，但被保險人於投保時已投保其他商業實支實付型醫療保險而未通知本公司者，本公司改以日額方式給付，且同一保單年度最高給付日數以○○日為限。

說明：以全民健保身分就醫，除了病房費用外，還需要自行負擔醫師指示用藥、輸血、掛號費、證明文件費、救護車費與部分負擔等項目，投保實支實付醫療保險後，可以

透過醫療保險獲得醫療費用補償。

住院日額保險金之給付(日額型醫療險)

第五條

被保險人因第四條之約定而住院診療時,本公司按其實際住院日數依本契約約定之每日給付金額給付保險金。

被保險人同一保單年度同一次住院最高日數以○○日為限。

●給付日間留院適用:被保險人因第四條之約定而以日間留院診療時,本公司按其實際日間留院日數,每日依住院日額保險金之○○%給付,且同一保單年度最高給付日數以○○日為限,不適用第二項之約定。

說明:

1. 日額型醫療險依照前後住院日數支付住院日額保險金。

2. 壽險公司日額醫療險通常就同一次住院,訂立最高給付日數,例如:90~365天。

3. 若有給付日間留院,仍須訂定給付限制,以降低道德危險。給付限制包含日額保險金打折給付與另訂同一年度最高給付日數限制。

醫療費用未經全民健康保險給付者之處理方式

第八條

第五條至第七條之給付，於被保險人不以全民健康保險之
保險對象身分住院診療；或前往不具有全民健康保險之醫
院住院診療者，致各項醫療費用未經全民健康保險給付，
本公司依被保險人實際支付之各項費用之○○％（不得低
於65％）給付，惟仍以各項保險金條款約定之限額為限。

說明：

●非以全民健保身分就醫，壽險公司仍須理賠；但依被保險
　人實際支付費用之65％給付，惟仍以約定之各項限額為
　限。

●實際支付費用之折扣比率，依契約約定。

保險金給付之限制

第十條

被保險人已獲得全民健康保險給付的部分，本公司不予給
付保險金。

說明：

1. 為了避免保險重複理賠的浪費以及被保險人因為就醫
   而獲利，已由全民健保給付之費用，實支實付醫療保
   險不再重複給付。

2. 投保日額型醫療保險，保戶仍可依照住院日數申領住

院日額保險金，並無重複給付問題。壽險公司對於同
一被保險人訂定醫療保險累計通算日額限制，避免同
一被保險人累積投保住院日額過高，因而誘發道德危
險。

除外責任

第十一條

被保險人因下列原因所致之疾病或傷害而住院診療者，本
公司不負給付各項保險金的責任。

一、被保險人之故意行為（包括自殺及自殺未遂）。

二、被保險人之犯罪行為。

三、被保險人非法施用防制毒品相關法令所稱之毒品。

被保險人因下列事故而住院診療者，本公司不負給付各項
保險金的責任。

一、美容手術、外科整型。但為重建其基本功能所作之必
　　要整型，不在此限。

二、外觀可見之天生畸形。

三、非因當次住院事故治療之目的所進行之牙科手術。

四、裝設義齒、義肢、義眼、眼鏡、助聽器或其它附屬
　　品。但因遭受意外傷害事故所致者，不在此限，且其
　　裝設以一次為限。

五、健康檢查、療養、靜養、戒毒、戒酒、護理或養老之
　　非以直接診治病人為目的者。

六、懷孕、流產或分娩及其併發症。但下列情形不在此限：懷孕相關疾病、因醫療行為所必要之流產、醫療行為必要之剖腹產…..等。

說明：

1. 故意行為、犯罪行為與故意自殺一律不賠。
2. 美容手術、外科整型與正常懷孕分娩之費用，醫療保險不賠。
3. 健康檢查、療養、靜養、戒毒、戒酒、護理或養老等非以直接診治病人為目的之機構或組織之住院，醫療保險不賠。

契約有效期間

第十二條

保證續保適用：

本契約保險期間為一年，保險期間屆滿時，要保人得交付續保保險費，以逐年使本契約繼續有效，本公司不得拒絕續保。

本契約續保時，按續保生效當時依規定陳報主管機關之費率及被保險人年齡重新計算保險費，但不得針對個別被保險人身體狀況調整之。

非保證續保適用：

本契約保險期間為一年且不保證續保。保險期間屆滿時，

經本公司同意續保後，要保人得交付保險費，以使本契約繼續有效。

本契約續保時，按續保生效當時依規定陳報主管機關之費率及被保險人年齡重新計算保險費。

說明：

1. 壽險公司的一年期住院醫療險皆明訂保證續保，因此壽險公司不得因為被保險人體況差或罹患重大疾病而拒絕保戶的續保；也不可以因為被保險人體況差或罹患重大疾病而針對該保戶加費承保。

2. 產險公司經營的醫療保險為短年期非保證續保；產險公司可因被保險人體況差或罹患重大疾病而拒絕保戶的續保。但不可以因為被保險人體況差或罹患重大疾病而針對該保戶加費承保。

契約的終止

第十四條

要保人得隨時終止本契約。

前項契約之終止，自本公司收到要保人書面通知時，開始生效。

要保人依第一項約定終止本契約時，本公司應從當期已繳保險費扣除按短期費率計算已經過期間之保險費後，將其未滿期保險費退還要保人。

說明：要保人可以隨時終止契約，終止後的已繳未到期保險費，按照短期費率表退還保費。

受益人

第十七條

本契約各項保險金之受益人為被保險人本人，本公司不受理其指定及變更。

被保險人身故時，如本契約保險金尚未給付或未完全給付，則以被保險人之法定繼承人為該部分保險金之受益人。

前項法定繼承人之順序及應得保險金之比例適用民法繼承編相關規定。

說明：

1. 醫療保險金的受益人限制為被保險人本人。
2. 被保險人身故時，以被保險人之法定繼承人為該保險金之受益人。

傷害醫療保險給付附加條款

傷害醫療保險金的給付（實支實付型）

被保險人於本契約有效期間內遭受第二條約定的意外傷害事故，自意外傷害事故發生之日起一百八十日以內，經登記合格的醫院或診所治療者，本公司就其實際醫療費用，

超過全民健康保險給付部分，給付傷害醫療保險金。但超過一百八十日繼續治療者，受益人若能證明被保險人之治療與該意外傷害事故具有因果關係者，不在此限。

前項同一次傷害的給付總額不得超過保險單所記載的「每次實支實付傷害醫療保險金限額」。

說明：

1. 需為合格醫院或診所，而且就超過全民健保給付部分理賠；給付項目包含住院費用、手術費用與傷害門診醫療費用等。

2. 壽險公司的實支實付醫療險契約約定，非以全民健保身分就醫，給付金額將依照醫療費用金額打折後計算，例如：65折~75折。

傷害醫療保險金的給付（日額型）

被保險人於本契約有效期間內遭受第二條約定的意外傷害事故，自意外傷害事故發生之日起一百八十日以內，經登記合格的醫院治療者，本公司就其住院日數，給付保險單所記載的「傷害醫療保險金日額」。但超過一百八十日繼續治療者，受益人若能證明被保險人之治療與該意外傷害事故具有因果關係者，不在此限。

前項每次傷害給付日數不得超過九十日。

被保險人因第一項傷害蒙受骨折未住院治療者，或已住院

但未達下列骨折別所定日數表，其未住院部分本公司按下列骨折別所定日數乘「傷害醫療保險金日額」的二分之一給付。合計給付日數以按骨折別所訂日數為上限。

前項所稱骨折是指骨骼完全折斷而言。如係不完全骨折，按完全骨折日數二分之一給付；如係骨骼龜裂者按完全骨折日數四分之一給付，如同時蒙受下列二項以上骨折時，僅給付一項較高等級的醫療保險金。

骨折部分	完全骨折日數
1 鼻骨、眶骨〈含顴骨〉	14天
2 掌骨、指骨	14天
3 蹠骨、趾骨	14天
4 下顎（齒槽醫療除外）	20天
5 肋骨	20天
6 鎖骨	28天
7 橈骨或尺骨	28天
8 膝蓋骨	28天
9 肩胛骨	34天
10 椎骨（包括胸椎、腰椎及尾骨）	40天
11 骨盤（包括腸骨、恥骨、坐骨、薦骨）	40天
12 頭蓋骨	50天
13 臂骨	40天
14 橈骨與尺骨	40天
15 腕骨（一手或雙手）	40天

骨折部分	完全骨折日數
16 脛骨或腓骨	40天
17 踝骨（一足或雙足）	40天
18 股骨	50天
19 脛骨及腓骨	50天
20 大腿骨頸	60天

說明：

1. 傷害醫療保險通常需附加於傷害保險附約或主約下。

2. 傷害醫療實支實付險：針對意外住院、手術與門診費用，保戶皆可憑正本醫療費用單據，申請理賠。

3. 日額型意外住院醫療保險：僅針對意外住院事故給付住院日額保險。另外針對發生骨折事故，無論完全折斷骨折或部分龜裂等意外傷害，雖未辦理住院而無法獲得意外住院日額理賠，仍可依照骨折部位與嚴重性，申請骨折未住院日額保險金。

補充：健康保險經營之困境與因應措施

1. 健康保險經營上面臨那些困境：

   (1) 疾病種類多元化：新型態的流行性疾病不斷發現，而且影響人類頗大，也衝擊著健康保險的理賠，例如：SARS、H7N9與伊波拉病毒。

   (2) 人口高齡化與平均壽命延長：人口高齡化之下，使

得老年疾病之理賠佔率持續攀升，也為終身醫療保險帶來極大的衝擊。例如：失智症的理賠。

(3)醫療技術日益進步：新型態醫療技術不斷推出，保單條款有時難以普遍涵蓋或客觀理賠，也造成了理賠糾紛。

(4)長期照護或失能問題增多：意外事故與重大傷病事故後，長期照護或失能問題增多，也衝擊醫療保險的理賠控管。

(5)道德危險或保險犯罪行為頻傳：道德危險或保險犯罪案件迭起，也造成不當理賠損失增多，並突顯出防範保險犯罪的重要性。

2. 健康保險設有那些理賠限制條款及其設置理由：

(1)等待期間：壽險公司通常會約定30天的疾病等待期間，等待期間發生疾病，壽險公司不予理賠，等待期間之後，因疾病住院才能獲得理賠。等待期間之設置，可以降低理賠成本並避免帶病投保。

(2)疾病事故之定義：契約生效日（或復效日）起所發生之疾病才能獲得理賠，投保前的既往症(投保前已罹患的疾病)無法獲得理賠。

(3)醫院或住院之定義：

(a) 醫院指依照醫療法規定領有開業執照並設有病房收治病人之公、私立及財團法人醫院。

(b) 住院指被保險人經醫師診斷其疾病或傷害必須

入住醫院，且正式辦理住院手續並確實在醫院接受診療者。

(c) 設置理由：可排除非正常住院、非正常就醫與減少道德危險。

(4)實支實付理賠限額：被保險人已獲得全民健康保險給付的部分，壽險公司不予給付保險金。

(5)除外責任：被保險人因除外事項所致之疾病或傷害而住院診療者，壽險公司不負給付各項保險金的責任。例如：被保險人之故意行為、犯罪行為或美容手術等除外不保；另外健康檢查、療養、靜養、戒毒、戒酒、護理或養老等非以直接診治病人為目的之機構或組織之住院，醫療保險也不賠。

第三節 傷害保險商品分類與保費基礎[29]

一、傷害保險商品的基礎要點

1. 依保險法第131條規定，傷害保險為傷害保險人於被保險人遭受意外傷害及其所致殘廢或死亡時，負給付保險金額之責。

---

29 參陳明哲 (2011)，人身保險，第七章；壽險公會 (2012)，人身保險業務員資格測驗統一教材，壽險管理學會 (2011)，人壽保險；廖勇誠 (2013)，輕鬆考證照：人身與財產風險管理概要與考題解析，並另參考壽險業商品條款與作業規範。

2. 意外事故之定義：非由疾病引起之外來突發事故。

    (1)外來事故：並非身體內在疾病所造成，而是源自於外力所致。

    (2)突發事故：突然發生，而非逐漸產生，也並非當事人所能預期。

    (3)非由疾病引起事故：並非由疾病所引起。

3. 傷害保險承保被保險人因為意外事故，所致的身故與殘廢的經濟損失補償。被保險人投保人壽保險僅能獲得身故、全殘、生存給付或滿期給付的保障，部分殘廢無法獲得補償。因此，建議保戶需為自己另外規劃傷害保險，才能獲得因意外事故導致部分殘廢的損害補償。[30]

4. 傷害保險商品分類：傷害保險商品可分類為保證續保、自動續保與非保證續保，壽險公司可經營的傷害保險契約多元，可經營非保證續保、自動續保或保證續保的傷害保險；產險公司則經營一年期非保證續保的傷害保險。[31]另外，旅行平安保險其實也是傷害保險，只是它是針對國內外旅客規劃的傷害保險。另一

---

30 大多數壽險公司為因應傷害保險的競爭，因此在傷害保險商品的給付項目內，另加上重大燒燙傷保障或（及）殘廢補償金等保障內容，以增加商品差異性。

31 自動續保契約條款範例：本附約保險期間為一年，期滿時雙方若無反對的意思表示者，視為續約。續約的始期以原附約屆滿日的翌日為準。

方面，也有壽險公司推動傷害失能保險、還本型傷害險、定期傷害險或終身型傷害險。

5. 傷害保險之保費計算，主要決定於被保險人之職業等級；職業等級區分為六個職業等級。依照傷害保險示範條款，殘廢程度區分成11級79項。

6. 被保險人之職業等級變更為較高等級，屬於危險之增加，依條款規定依照比例理賠。

7. 意外失能保險之保障內容主要為針對被保險人因為意外事故而導致失去工作能力期間，提供收入損失之補償。

8. 旅行平安保險販賣的對象以實際從事旅遊的國內外旅客為限，投保時保戶不需健康檢查而且可以單獨出單。通常旅行平安保險的保險期間最長以180天為限。

9. 行政院金融監督管理委員會同意產險業經營傷害險業務，可銷售商品限制為保險期間三年以下且不保證續保的保單。

二、傷害保險商品保費基礎

1. 預定意外死亡發生率與意外殘廢發生率：預定意外死亡或意外殘廢發生率愈高，預期未來保險給付愈高，保費將愈貴。另外，對於傷害保險保費，通常依照職業等級別，訂立各等級的傷害保險保費金額，以反映

不同職業等級的事故發生率差異。（與保費成正比）

2. 預定利率：預定利率對於一年期傷害險保費之影響並不顯著。

3. 預定附加費用率：費用率愈高，需要收取的費用就愈高，保費將愈貴。（與保費成正比）

三、傷害保險與人壽保險之差異比較

傷害保險與人壽保險商品差異頗多；就承保事故來說，人壽保險承保被保險人之生存或死亡事故，並在事故發生時提供死亡或生存給付。傷害保險承保被保險人之意外傷害事故，並在事故發生時提供身故給付與殘廢給付等相關補償。另就「保險期間」、「準備金提存」、「費率釐訂因素」、「給付基礎」等角度，列表比較其差異如下：

表5-2

項目	傷害保險(一年期)	人壽保險
保險期間	一年期	定期、終身
準備金提存	主要為未滿期保費準備金、特別準備金	主要為壽險責任準備金
費率釐訂因素	預定意外死亡與殘廢發生率、費用率	死亡率、費用率、利率
給付基礎	●給付項目：意外身故保險金、殘廢保險金或重大燒燙傷保險金。	●屬於定額保險契約

項目	傷害保險(一年期)	人壽保險
給付基礎	● 定額給付：意外身故依照保險金額給付。 ● 殘廢給付：依照殘廢等級表理賠；殘廢情況愈嚴重、殘廢等級愈高、理賠比例愈高。	● 身故保險金：被保險人於保障期間身故時，給付身故保險金。 ● 滿期保險金或生存保險金：被保險人於特定期間屆滿仍生存時，給付滿期保險金或生存保險金。
部分殘廢給付	依殘廢等級表給付	無
身故全殘給付	提供意外身故全殘保險金給付	提供疾病或意外身故全殘保險金給付
生存給付	無	養老保險提供生存給付

第四節 傷害險示範條款摘錄與説明

本節摘錄一年期傷害保險示範條款並說明如下：

保險範圍

第二條

被保險人於本契約有效期間內，因遭受意外傷害事故，致其身體蒙受傷害而致殘廢或死亡時，本公司依照本契約的約定，給付保險金。

前項所稱意外傷害事故，指非由疾病引起之外來突發事故。

說明：

1. 意外傷害事故：指非由疾病引起之外來突發事故。
2. 因為疾病住院或因疾病而手術切除所致的殘廢，傷害保險不予理賠。

保險期間的始日與終日

第三條

本契約的保險期間，以本契約保險單上所載日時為準。

身故保險金或喪葬費用保險金的給付

第四條

被保險人於本契約有效期間內遭受第二條約定的意外傷害事故，自意外傷害事故發生之日起一百八十日以內死亡者，本公司按保險金額給付身故保險金。但超過一百八十日死亡者，受益人若能證明被保險人之死亡與該意外傷害事故具有因果關係者，不在此限。

訂立本契約時，以未滿十五足歲之未成年人為被保險人，其身故保險金之給付於被保險人滿十五足歲之日起發生效力。

訂立本契約時，以精神障礙或其他心智缺陷，致不能辨識其行為或欠缺依其辨識而行為之能力者為被保險人，其身故保險金均變更為喪葬費用保險金。

前項被保險人於民國九十九年二月三日（含）以後所投保

之喪葬費用保險金額總和（不限本公司），不得超過訂立本契約時遺產及贈與稅法第十七條有關遺產稅喪葬費扣除額之半數，其超過部分本公司不負給付責任，本公司並應無息退還該超過部分之已繳保險費。

前項情形，如要保人向二家（含）以上保險公司投保，或向同一保險公司投保數個保險契(附)約，且其投保之喪葬費用保險金額合計超過前項所定之限額者，本公司於所承保之喪葬費用金額範圍內，依各要保書所載之要保時間先後，依約給付喪葬費用保險金至前項喪葬費用額度上限為止，如有二家以上保險公司之保險契約要保時間相同或無法區分其要保時間之先後者，各該保險公司應依其喪葬費用保險金額與扣除要保時間在先之保險公司應理賠之金額後所餘之限額比例分擔其責任。

說明：

1. 為保護弱勢族群並減少道德危險事故發生，保險法令針對未滿15足歲之孩童、精神障礙或心智缺陷被保險人之傷害保險商品，訂有明確理賠限制。

2. 簽訂傷害險契約時，以未滿十五足歲之未成年人為被保險人，其身故保險金之給付於被保險人滿十五足歲之日起發生效力；因此未滿十五足歲前，傷害險契約不提供意外身故給付，這項規定與人壽保險契約不同。

3. 依據保險法107條與示範條款，以精神障礙或心智缺陷被保險人投保傷害險保單，其身故保險金名稱改為喪葬費用保險金，賠償金額不得超過遺贈稅法之遺產稅喪葬費用扣除額的50%。105年適用之遺產稅喪葬費用扣除額為123萬；金額的一半為61.5萬。另外，由於保險金額超過部分無效，壽險公司應無息退還超過部分之所繳保費。

小叮嚀：

金管會保險局新聞稿(105/6/16)

為兼顧未滿15歲未成年人投保權益及生命權保護，行政院通過保險法第107條修正草案

　　為兼顧未滿15歲未成年人保險保障權益及生命權保護，行政院會議通過金融監督管理委員會所擬具之保險法第107條修正草案，已函請立法院審議。修正要點如下：

一、以未滿十五歲之未成年人為被保險人之人壽保險契約，除喪葬費用給付外，其餘死亡給付之約定無效。(修正條文第一項)

二、為確保上開喪葬費用給付符合喪葬支出之必要性，參酌社會殯喪實務及強制汽車責任保險法規定之殯葬費補償限額(105年為新臺幣三十萬元)。另外考量未滿十五歲之未成年人多具學生身分，已有學生團體保險之保障(105年保險金額為新臺幣一百萬元)，因此規範喪葬費用保險金額以新臺幣三十萬元為限，以防範道德危險。(修正條文第二項)

殘廢保險金的給付

第五條

被保險人於本契約有效期間內遭受第二條約定的意外傷害事故，自意外傷害事故發生之日起一百八十日以內致成附表所列殘廢程度之一者，本公司給付殘廢保險金，其金額按該表所列之給付比例計算。但超過一百八十日致成殘廢者，受益人若能證明被保險人之殘廢與該意外傷害事故具有因果關係者，不在此限。

被保險人因同一意外傷害事故致成附表所列二項以上殘廢程度時，本公司給付各該項殘廢保險金之和，最高以保險金額為限。但不同殘廢項目屬於同一手或同一足時，僅給付一項殘廢保險金；若殘廢項目所屬殘廢等級不同時，給付較嚴重項目的殘廢保險金。

被保險人因本次意外傷害事故所致之殘廢，如合併以前（含本契約訂立前）的殘廢，可領附表所列較嚴重項目的殘廢保險金者，本公司按較嚴重的項目給付殘廢保險金，但以前的殘廢，視同已給付殘廢保險金，應扣除之。

前項情形，若被保險人扣除以前的殘廢後得領取之保險金低於單獨請領之金額者，不適用合併之約定。

被保險人於本契約有效期間內因不同意外傷害事故申領殘廢保險金時，本公司累計給付金額最高以保險金額為限。

說明：

1. 殘廢保險金理賠金額，依照殘廢等級表理賠；殘廢情況愈嚴重、殘廢等級愈高、理賠比例愈高。

2. 過去曾發生殘廢事故，之後又因意外事故發生殘廢，應扣除過去應理賠金額，以避免重複領取理賠並可降低道德危險。

3. 殘廢保險金累積理賠金額，最高以保險金額為限。

保險給付的限制

第六條

被保險人於本契約有效期間內因同一意外傷害事故致成殘廢後身故，並符合本契約第四條及第五條約定之申領條件時，本公司之給付總金額合計最高以保險金額為限。

前項情形，受益人已受領殘廢保險金者，本公司僅就保險金額與已受領金額間之差額負給付責任。

被保險人於本契約有效期間內因不同意外傷害事故致成殘廢、身故時，受益人得依第四條及第五條之約定分別申領保險金，不適用第一項之約定。

說明：

1. 因同一意外事故殘廢、然後身故，累計殘廢保險金與身故保險金額度，以保險金額為限。

2. 因不同意外事故造成殘廢、然後身故，可同時領取殘廢保險金與身故保險金，不需受限於保險金額。

除外責任（原因）

第七條

被保險人因下列原因致成死亡、殘廢或傷害時，本公司不負給付保險金的責任。

一、要保人、被保險人的故意行為。

二、被保險人犯罪行為。

三、被保險人飲酒後駕（騎）車，其吐氣或血液所含酒精成份超過道路交通法令規定標準者。

四、戰爭（不論宣戰與否）、內亂及其他類似的武裝變亂。但契約另有約定者不在此限。

五、因原子或核子能裝置所引起的爆炸、灼熱、輻射或污染。但契約另有約定者不在此限。

前項第一款情形（除被保險人的故意行為外），致被保險人傷害或殘廢時，本公司仍給付保險金。

說明：

1. 酒駕所造成的意外事故，明文規定不賠。

2. 故意行為、犯罪行為與自殺，傷害險不賠。

不保事項

第八條

被保險人從事下列活動，致成死亡、殘廢或傷害時，除契約另有約定外，本公司不負給付保險金的責任，

一、被保險人從事角力、摔跤、柔道、空手道、跆拳道、

馬術、拳擊、特技表演等的競賽或表演。

二、被保險人從事汽車、機車及自由車等的競賽或表演。

說明：從事高危險性活動期間，意外險不賠。傷害險契約明訂之高危險性活動包含從事角力、摔跤、柔道、空手道、跆拳道、馬術、拳擊、特技表演、汽車機車競賽或表演等項目。

契約的無效

第九條

本契約訂立時，僅要保人知保險事故已發生者，契約無效。本公司不退還所收受之保險費。

說明：

1. 契約訂立時意外事故已發生，保險契約無效。針對要保人惡意詐欺投保行為，壽險公司可不退還所收保費。

2. 本條文呼應保險法第51條。

告知義務與本契約的解除

第十條

要保人在訂立本契約時，對於本公司要保書書面詢問的告知事項應據實說明，如有故意隱匿，或因過失遺漏或為不

實的說明，足以變更或減少本公司對於危險的估計者，本公司得解除契約，其保險事故發生後亦同。但危險的發生未基於其說明或未說明的事實時，不在此限。

前項解除契約權，自本公司知有解除之原因後經過一個月不行使而消滅。

說明：傷害險契約仍適用告知義務條款；本條文內容與保險法64條相同。

契約的終止

第十一條

要保人得隨時終止本契約。

前項契約之終止，自本公司收到要保人書面通知時，開始生效。

要保人依第一項約定終止本契約時，本公司應從當期已繳保險費扣除按短期費率計算已經過期間之保險費後，將其未滿期保險費退還要保人。

說明： 要保人可以隨時終止契約，終止後的已繳未到期保險費，按照短期費率表退還保費。

職業或職務變更的通知義務

第十二條

被保險人變更其職業或職務時，要保人或被保險人應即時以書面通知本公司。

被保險人所變更的職業或職務，依照本公司職業分類其危險性減低時，本公司於接到通知後，應自職業或職務變更之日起按其差額比率退還未滿期保險費。

被保險人所變更的職業或職務，依照本公司職業分類其危險性增加時，本公司於接到通知後，自職業或職務變更之日起，按差額比率增收未滿期保險費。但被保險人所變更的職業或職務依照本公司職業分類在拒保範圍內者，本公司於接到通知後得終止契約，並按日計算退還未滿期保險費。

被保險人所變更的職業或職務，依照本公司職業分類其危險性增加，未依第一項約定通知而發生保險事故者，本公司按其原收保險費與應收保險費的比率折算保險金給付。

說明：

1. 職業危險性減低，也就是適用的職業等級降低，應自職業或職務變更之日起，按其差額比率退還未滿期(未到期)保險費。

2. 職業危險性增加，也就是適用的職業等級提高，自職業或職務變更之日起，按差額比率增收未滿期保險費。

3. 被保險人變更為較高危險職業，未依約定通知而發生

保險事故，壽險公司按其原收保險費與應收保險費的
比率折算保險金給付。

失蹤處理
第十四條
被保險人在本契約有效期間內因第二條所約定的意外傷害
事故失蹤，於戶籍資料所載失蹤之日起滿一年仍未尋獲，
或要保人、受益人能提出證明文件足以認為被保險人極
可能因本契約所約定之意外傷害事故而死亡者，本公司
按第四條約定先行給付身故保險金或喪葬費用保險金，但
日後發現被保險人生還時，受益人應將該筆已領之身故保
險金或喪葬費用保險金歸還本公司，其間有應繳而未繳之
保險費者，於要保人一次清償後，本契約自原終止日繼續
有效，本公司如有應行給付其他保險金情事者，仍依約給
付。

受益人的指定及變更
第十七條
殘廢保險金的受益人，為被保險人本人，本公司不受理其
指定或變更。
受益人之指定及變更，要保人得依下列約定辦理：
一、於訂立本契約時，經被保險人同意指定受益人。
二、於保險事故發生前經被保險人同意變更受益人，如要

保人未將前述變更通知本公司者，不得對抗本公司。

前項受益人的變更，於要保人檢具申請書及被保險人的同意書送達本公司時，本公司應即予批註或發給批註書。本公司為身故或殘廢給付時，應以受益人直接申領為限。

說明：

1. 殘廢保險金的受益人，限制為被保險人本人。
2. 身故保險金受益人，由要保人指定，但需被保險人同意。

補充：傷害險續保條款範例

範例一：非保證續保條款

本附約續約時之保險期間為一年，於每期保險期間屆滿時，經本公司同意，並收取續約保險費後，本附約得逐年持續有效。

前項續約保險費，應以續約時被保險人的年齡及職業為基礎，按當時主管機關所核定的費率計算，要保人如不同意該項保險費，本附約自該期保險費應交之日起自動終止。

範例二：自動續保條款

本附約保險期間為一年，期滿時雙方若無反對的意思表示者，視為續約。續約的始期以原附約屆滿日的翌日為準。

範例三：保證續保條款

本契約保險期間為一年，保險期間屆滿時，要保人得交付續保保險費，以逐年使本契約繼續有效，本公司不得拒絕續保。

第五節　考題解析

壹、選擇題

一、關於壽險業與產險業經營之醫療保險商品之論述，何者正確？

A. 可以共同經營

B. 產險業僅能經營短年期非保證續保

C. 壽險業僅能經營終身醫療保險

D. 費率常隨年齡性別而異

參考解答：A,B,D

二、我國現行「住院醫療費用保險單示範條款」有關住院次數的計算，其中所謂「一次住院」應同時具備那些要件？

①出院後因同一疾病或傷害或因此引起之併發症，再次住院

②出院後於14日內，再次住院

③出院後再次住院，須經過急診留院的觀察

④出院後，再次入住同一家醫院

A.①②③

B.①②④

C.①③④

D.②③④

參考解答：B

三、下列何項事故，並不符合長期看護保險的承保範圍或給付要求？

A.器質性癡呆

B.生活無法自理且無法自行如廁、自行穿脱衣物與自己就食。

C.罹患癌症

D.全身癱瘓

參考解答：C

四、目前傷害保險單示範條款中對於理賠之規定，下列何者錯誤？

A.被保險人遭受意外傷害事故，自事故發生之日起180日以內死亡者，保險公司按保險金額給付身故保險金

B.超過180 日死亡者，受益人若能證明被保險人之死亡與該意外傷害事故具有因果關係者，保險公司仍給付

C.被保險人因同一意外傷害事故致成二項以上殘廢程度

時，保險公司給付較嚴重項目的殘廢保險金

D.不同殘廢項目屬於同一手或同一足時，保險公司僅給付
一項殘廢保險金

參考解答：D

五、在健康保險契約中，自負額也可以用期間來表示，下列何者為以期間來表示自負額的方式？

A.共保期間、試保期間

B.試保期間、免責期間

C.免責期間、限制期間

D.共保期間、限制期間

參考解答：B

六、有關傷害保險承保內容的說明，下列何者正確？

A.主要承保疾病及非疾病引起的突發事故

B.保費依年齡、性別及職業等級等共同決定

C.目前之意外殘廢程度共分為11級79項

D.旅行傷害險之保險期間一般以一年為限

參考解答：C

七、目前長期照顧保險單示範條款中，對於「長期照顧狀態」之定義，下列何者正確？

A.「長期照顧狀態」係指被保險人經保險公司判定，符

合生理功能障礙或認知功能障礙二項情形之一者

B.生理功能障礙，指專科醫師依巴氏量表判定其進食、移位、如廁、沐浴、平地行動及更衣等六項中有三項（含）以上之障礙

C.認知功能障礙，指專科醫師判定持續失智狀態並有分辨上的障礙，且依臨床失智量表評估達低度（含）以上者

D.分辨上的障礙，指專科醫師在被保險人意識不清的情況下，判定有時間、場所、人物的分辨障礙中之二項（含）以上者

參考解答：B

八、健康保險中住院醫療費用保險單示範條款之相關規定，下列何者錯誤？

A.「疾病」係指被保險人自本契約生效日（或復效日）起所發生之疾病

B.被保險人非法施用防制毒品相關法令所稱之毒品，所致之疾病而住院診療者，保險公司不負給付保險金的責任

C.要保人、被保險人或受益人應於知悉保險公司應負保險責任之事故後○○日（不得少於5日）內通知保險公司

D.若為保證續保契約，在續保時保險公司仍得按個別被保險人之身體狀況調整保險費

參考解答：D

九、目前全民健康保險對醫療院所實施「住院疾病診斷關聯群（Tw-DRGs）支付方式」，其實際醫療費用在上下限臨界點範圍內者，衛生福利部中央健康保險署以何種方式支付診療費用？

A.定額支付

B.核實支付

C.折扣支付

D.論量支付

參考解答：A

十、我國保險公司現行對所承保的傷害保險，主要是採比例性再保險的方式來分散危險，其再保險的計算基礎為何？

A.危險保費制（Risk Basis）

B.共同保險制（Coinsurance）

C.修正共同保險制（Modified Coinsurance）

D.簽單保費制（As Original）

參考解答：D

十一、關於傷害保險主約哪一項特色是正確的？

A.費率主要依照被保險人職業類別而定

B.職業類別變更要主動通知保險公司，否則不予理賠

C.產險公司可銷售還本終身傷害險

D.屬於保證續保的一年期保單

參考解答：A

十二、小王大學畢業時投保個人傷害險主約，畢業後於國軍新訓中心擔任教育班長，未通知保險公司職業等級變更而且小王服役期間意外身故，請問保險公司該如何理賠？

A.拒賠

B.退還所繳保費加計利息

C.賠償保險金額

D.依職業類別費率比例賠償

參考解答：D

十三、老吳投保傷害險主約300萬，因摔傷而獲得140萬殘廢保險金理賠，結果出院後一個月卻因為車禍身故，請問保險公司應如何理賠？

A.賠償160萬

B.賠償300萬

C.賠償100萬

D.不須賠償

參考解答：B

●屬於不同事故，因此理賠金額不受限於保險金額。

十四、比較健康與傷害保險，下列敘述何者為非？

A.健康險的承保範圍較大

B.健康險所需考量的核保面向較廣

C.健康保險示範條款的除外事項較多

D.傷害險契約有等待期間的規定，而健康險則無

參考解答：D

十五、計算一年期健康保險費率的因素與人壽保險費率因素比較，下面哪一項因素對前者比較不重要？

A.罹患率

B.費用率

C.利率

D.繼續率

參考解答：C

●相對上，尤其對於一年期健康險而言，利率對於費率之影響明顯較不重要。

十六、下列何者不屬於我國105年1月1日所販售重大疾病保險甲型的承保項目？

A.原位癌

B.末期腎病變

C.冠狀動脈繞道手術

D.造血幹細胞移植

參考解答：A

十七、對於被保險人一般容易復發的健康缺陷（如泌尿道結石），在醫療費用健康保險的核保上，通常會採取何種承保決定？
A.加費
B.批註除外
C.延期
D.拒保
參考解答：B

貳、解釋名詞
一、等待期間
參考解答：

投保健康保險後，壽險公司為避免帶病投保，因此通常都會規定疾病等待期間。被保險人在等待期間內罹患疾病住院，壽險公司不須給付醫療保險金；等待期間之後因疾病住院，才能獲得理賠。

二、除外不保期間
參考解答：

從事高危險性活動期間，意外險不賠。傷害險契約明訂之

高危險性活動包含從事角力、摔跤、柔道、空手道、跆拳道、馬術、拳擊、特技表演、汽車機車競賽或表演等項目。

三、有選擇性續保契約(Optionally Renewable)

參考解答：

指保險契約到期後是否續保，壽險公司有權決定；因此壽險公司有權拒絕契約之續保。所以醫療險契約內容若包含選擇性續保條款，屬於非保證續保保單。

叁、問答題或簡答題

一、試依我國現行住院醫療保險單示範條款（實支實付型），說明對「住院」之定義及說明被保險人之各項醫療費用未經全民健康保險給付者，壽險業對其醫療費用之處理方式。

參考解答：

1. 對「住院」之定義：
   (1)「住院」係指被保險人經醫師診斷其疾病或傷害必須入住醫院，且正式辦理住院手續並確實在醫院接受診療者。
   (2)除外不保：健康檢查、療養、靜養、戒毒、戒酒、護理或養老之非以直接診治病人為目的者。

2. 醫療費用未經全民健康保險給付之處理方式：壽險公司的實支實付醫療險契約約定，非以全民健保身分就醫，給付金額將依照醫療費用金額打折後計算，例如：65折~75折。

二、何謂終身醫療保險？其保障給付的範圍及項目為何？詳述之。

參考解答：

終身醫療保險可以說是保障期間為終身的健康保險商品。終身醫療保險針對被保險人因疾病、分娩或意外而就醫治療時，提供醫療費用津貼、手術費用津貼、住院日額津貼或其他醫療津貼。終身醫療保險之保障項目與險種可列表如下。

商品別	摘述
終身醫療保險	● 可提供終身的住院日額津貼、手術費用或醫療費用津貼。 ● 給付項目：住院醫療日額、出院療養、手術、加護病房或燒燙傷中心等給付；部分商品另涵蓋身故給付、重大疾病或特定傷病給付，保障可更完整。 ● 特定傷病保險給付：除了包含七項重大疾病外，另外包含契約約定的其他特定傷病。
終身癌症保險	● 專門針對癌症治療設計的健康保險，並未涵蓋意外或一般疾病的身故或住院手術醫療津貼。 ● 提供癌症住院醫療、出院療養、手術治療、化療或放射線治療及癌症身故等各類給付。

三、試說明健康保險與人壽保險在「保險期間」、「準備金提存」、「費率釐訂因素」、「給付基礎」之差異？

參考解答：

健康保險與人壽保險商品差異頗多；就承保事故來說，人壽保險承保被保險人之生存或死亡事故，並在事故發生時提供死亡或生存給付。健康保險承保被保險人之疾病或意外事故，並在事故發生時提供醫療費用的補償或津貼。另就「保險期間」、「準備金提存」、「費率釐訂因素」、「給付基礎」等角度，列表比較其差異如下：

項目	健康保險(一年期)	人壽保險
保險期間	一年期	定期、終身
準備金提存	主要為未滿期保費準備金、特別準備金	主要為壽險責任準備金
費率釐訂因素	罹病率、費用率、平均醫療費用金額或平均住院日數	死亡率、費用率、利率
給付基礎	●日額型：定值保險契約，依照住院日數給付日額津貼。 ●實支實付型：損害補償契約，依照自付醫療費用金額補償。	●屬於定額保險契約 ●身故保險金：被保險人於保障期間身故時，給付身故保險金。 ●滿期保險金或生存保險金：被保險人於特定期間屆滿仍生存時，給付滿期保險金或生存保險金。
住院醫療費用補償或日額津貼	日額津貼或實支實付補償	無住院津貼或醫療補償

項目	健康保險(一年期)	人壽保險
身故給付	無	提供身故保險金給付
生存給付	無	養老保險提供生存給付

四、目前台灣的產險公司已開始可以販售意外險以及醫療險保單，你認為此現象是否會造成壽險公司意外險以及醫療險市占率的流失嚴重？為什麼？

參考解答：

1. 商品年期與續保與否之差異：行政院金融監督管理委員會已開放產險業申請經營意外險與健康險業務，但產險業可銷售商品限以保險期間為一年以下且不保證續保的保單，因此與壽險業經營有所區隔。

2. 商品給付內容差異性：由於產險與壽險公司之意外險與健康險商品之給付內容存在差異性，因此對於壽險公司的意外險及醫療險市佔率之流失影響有限，列表說明如下：

項目	財產保險業	人壽保險業
保險期間	短年期	一年期、定期、終身
續保與否	非保證續保	保證續保、自動續保或長期保單
綜合險(結合壽險與傷害險、醫療險特色)	無法經營	可經營重大疾病壽險、特定傷病壽險、長期看護壽險、還本意外險、還本醫療險等險種

項目	財產保險業	人壽保險業
傷害險或健康險給付項目	● 給付項目較少且單純。 ● 傷害險：意外身故與殘廢保險金。 ● 住院醫療保險(實支實付與日額)：住院日額津貼、實支實付醫療補償。	● 給付項目多元化：除了基本的給付項目外，還有重大燒燙傷保險金、殘廢補助保險金、重大疾病保險金、健康加值金、門診保險金、身故保險金與癌症保險金等。
主要險種(保費收入較高)	● 一年期非保證續保的意外保險 ● 一年期非保證續保的醫療保險	● 終身醫療險或終身防癌險 ● 還本意外險或還本醫療險 ● 重大疾病壽險或特定傷病壽險 ● 一年期意外險附約 ● 一年期住院醫療附約

五、試就傷害保險說明一般意外傷害之構成條件；並比較人壽保險與傷害保險之差異。

參考解答：

1. 意外傷害之構成條件：意外事故之定義為非由疾病引起之外來突發事故。

    (1) 外來事故：並非身體內在疾病所造成，而是源自於外力所致。

    (2) 突發事故：突然發生，而非逐漸產生，也並非當事人所能預期。

    (3) 非由疾病引起事故：並非由疾病所引起。

2. 傷害保險與人壽保險商品差異頗多；就承保事故來

說，人壽保險承保被保險人之生存或死亡事故，並在事故發生時提供死亡或生存給付。傷害保險承保被保險人之意外傷害事故，並在事故發生時提供身故給付與殘廢給付等相關補償。另就「保險期間」、「準備金提存」、「費率釐訂因素」、「給付基礎」等角度，列表比較其差異如下：

項目	傷害保險(一年期)	人壽保險
保險期間	一年期	定期、終身
準備金提存	主要為未滿期保費準備金、特別準備金	主要為壽險責任準備金
費率釐訂因素	預定意外死亡與殘廢發生率、費用率	死亡率、費用率、利率
給付基礎	●給付項目：意外身故保險金、殘廢保險金或重大燒燙傷保險金。 ●定額給付：意外身故依照保險金額給付。 ●殘廢給付：依照殘廢等級表理賠；殘廢情況愈嚴重、殘廢等級愈高、理賠比例愈高。	●屬於定額保險契約 ●身故保險金：被保險人於保障期間身故時，給付身故保險金。 ●滿期保險金或生存保險金：被保險人於特定期間屆滿仍生存時，給付滿期保險金或生存保險金。
部分殘廢給付	依殘廢等級表給付	無
身故全殘給付	提供意外身故全殘保險金給付	提供疾病或意外身故全殘保險金給付
生存給付	無	養老保險提供生存給付

六、何謂「傷害保險」（Accident Insurance），其與「健康保險」（Health Insurance）有何不同？

參考解答：

意外傷害保險承保被保險人因為意外事故，所致的身故與殘廢等經濟損失補償。健康保險承保範圍包含疾病與意外所致之醫療保險事故，主要用來彌補醫療費用、手術費用及其它醫療期間之經濟損失。兩者存在頗多差異，列表說明如下：

項目	傷害保險	健康保險
保險期間	一年期為主	一年期、定期、終身
費率釐訂因素	預定意外身故與殘廢發生率、費用率	罹病率、平均住院費用、平均住院日數、預定利率、費用率
給付事故	意外身故或殘廢	疾病或意外住院、手術或其他醫療事故為主。
給付項目	●定額給付：意外身故依照保險金額給付。 ●殘廢給付：依照殘廢等級表理賠；殘廢情況愈嚴重、殘廢等級愈高、理賠比例愈高。	●日額型：定值保險契約，依照住院日數給付住院津貼。 ●實支實付型：損害補償契約，依照自付醫療費用金額補償。 ●給付項目多元化：除了基本的給付項目外，還有重大疾病保險金、健康加值金、門診保險金、身故保險金與癌症保險金等。

項目	傷害保險	健康保險
主要險種	●主要險種單純且種類少，諸如：意外險附約或意外保險主約。	●可經營險種多元，包含終身醫療保險、終身手術保險、終身癌症保險、重大疾病保險、特定傷病保險、長期看護保險、還本醫療險與一年期醫療保險等險種

七、何謂失能所得保險？通常對失能的定義為何？實務上對於失能給付設置免責期間（等待期間）的主要目的為何？

參考解答:

1. 失能所得保險：當被保險人因為疾病或意外事故而完全失能或部分失能時，依契約提供被保險人或受益人定期失能給付，以彌補被保險人所得收入之損失。

2. 失能之定義：被保險人因遭受疾病或意外事故，經醫師診療後症狀無法改善，且失去工作能力，無法獲得原有薪資收入。

3. 設置免責期間(等待期間)：在免責期間內，壽險公司不給付被保險人或受益人任何失能給付。免責期間實為自負額概念，可以排除一些短期失能事故或非失能之一般疾病意外事故。例如許多失能所得保險約定3個月的免責期間。

八、請詳述健康保險經營上面臨那些困境？通常健康保險設有那些理賠限制條款及其設置理由為何？

參考解答:

1. 健康保險經營上面臨那些困境：

   (1)疾病種類多元化：新型態的流行性疾病不斷發現，而且影響人類頗大，也衝擊著健康保險的理賠，例如：SARS、H7N9與伊波拉病毒。

   (2)人口高齡化與平均壽命延長：人口高齡化之下，使得老年疾病之理賠佔率持續攀升，也為終身醫療保險帶來極大的衝擊。例如：失智症的理賠。

   (3)醫療技術日益進步：新型態醫療技術不斷推出，保單條款有時難以普遍涵蓋或客觀理賠，也造成了理賠糾紛。

   (4)長期照護或失能問題增多：意外事故與重大傷病事故後，長期照護或失能問題增多，也衝擊醫療保險的理賠控管。

   (5)道德危險或保險犯罪行為頻傳：道德危險或保險犯罪案件迭起，也造成不當理賠損失增多，並突顯出防範保險犯罪的重要性。

2. 健康保險設有那些理賠限制條款及其設置理由：

   (1)等待期間：壽險公司通常會約定30天的疾病等待期間，等待期間發生疾病，壽險公司不予理賠，等待期間之後，因疾病住院才能獲得理賠。等待期間

之設置，可以降低理賠成本並避免帶病投保。

(2)疾病事故之定義：契約生效日（或復效日）起所發生之疾病才能獲得理賠，投保前的既往症(投保前已罹患的疾病)無法獲得理賠。

(3)醫院或住院之定義：

(a) 醫院指依照醫療法規定領有開業執照並設有病房收治病人之公、私立及財團法人醫院。

(b) 住院指被保險人經醫師診斷其疾病或傷害必須入住醫院，且正式辦理住院手續並確實在醫院接受診療者。

(c) 設置理由：可排除非正常住院、非正常就醫與減少道德危險。

(4)實支實付理賠限額：被保險人已獲得全民健康保險給付的部分，壽險公司不予給付保險金。

(5)除外責任：被保險人因除外事項所致之疾病或傷害而住院診療者，壽險公司不負給付各項保險金的責任。例如：被保險人之故意行為、犯罪行為或美容手術等除外不保；另外健康檢查、療養、靜養、戒毒、戒酒、護理或養老等非以直接診治病人為目的之機構或組織之住院，醫療保險也不賠。

九、投保傷害保險的被保險人搭乘航空班機失蹤，請依我國「傷害保險單示範條款」之規定，試述被保險人失

蹤處理的規定為何？

參考解答：

依照傷害保險單示範條款，傷害保險被保險人若有搭乘航空班機失蹤情形，處理之規定如下：

1. 失蹤滿一年或提出意外身故證明：於戶籍資料所載失蹤之日起滿一年仍未尋獲，或要保人、受益人能提出證明文件足以認為被保險人極可能因契約所約定之意外傷害事故而死亡。

2. 先行給付身故保險金或喪葬費用保險金：依照契約先行給付保險金。

3. 若未來生還須返還保險金：日後發現被保險人生還時，受益人應將該筆已領之身故保險金或喪葬費用保險金歸還本公司。

肆、自編醫療險與傷害險考題補充：

一、小劉因為意外車禍而右手破皮，前往診所敷藥服藥與針灸，請問住院醫療保險是否理賠？意外醫療保險是否理賠？

參考解答：

1. 非住院，所以一般住院醫療或傷害住院醫療保險不賠。

2. 實支實付醫療險門診有理賠，但原則上須檢附正本收據。

二、小劉因為心臟病住院就醫，請問傷害醫療保險是否理賠？小劉因為心臟病就醫，但在醫院裡發生摔倒意外，請問傷害日額醫療保險是否理賠？

參考解答：

1. 因心臟病住院就醫，並非意外傷害住院，因此傷害醫療險不賠。

2. 就醫期間摔倒意外，符合意外事故定義，若有住院或骨折未住院，傷害日額醫療保險應理賠。

三、小蔡投保一年期住院醫療保險，昨天突然發現罹患癌症，請問保險公司可否拒絕其續保？可否針對小蔡加收50%保費。

參考解答：

1. 產險業的一年期住院醫療險：可以拒絕續保，因為產險業的一年期住院醫療險為非保證續保；但不可針對個別保戶加收保費。

2. 壽險業的一年期住院醫療險：不可拒保、不可加收保費。

   (1) 住院醫療險保險期間為一年，保險期間屆滿時，要保人得交付續保保險費，以逐年使本契約繼續有效，本公司不得拒絕續保。

   (2) 住院醫療險續保時，依續保生效當時報經主管機關核可之費率及被保險人年齡重新計算保險費，但不

得針對個別被保險人身體狀況調整之。

四、狗不理投保重大疾病健康保險，並以妻子與兒子為第一順位與第二順位受益人，請問他罹患尿毒症後洗腎，重大疾病保險金應給付給誰？住院醫療日額應給付給誰？

1.妻子

2.兒子

3.妻子兒子各半

4.狗不理

參考解答：(4)

1. 住院醫療險保險各項保險金之受益人為被保險人本人，壽險公司不受理其指定及變更。

2. 被保險人身故時，如契約保險金尚未給付或未完全給付，則以被保險人之法定繼承人為該部分保險金之受益人。

五、老張投保重大疾病保險後，不幸投保後第60天發現癌症，請問是否可獲得理賠給付？

參考解答：一般重大疾病保險有90天等待期間，因此不賠。

六、關於傷害保險主約哪一項特色是正確的？

(1)費率依照被保險人職業類別而定，與性別無直接相關

(2)職業類別變更要主動通知保險公司，否則不予理賠

(3)產險公司可銷售還本終身傷害險

(4)屬於保證續保的一年期保單

參考解答：(1)

七、小蔡因為癌症末期而選擇癌症安寧病房就醫，請問癌症保險是否理賠？

參考解答：壽險公司仍應理賠，因為癌症末期可以選擇侵入性治療與安寧病房治療，被保險人選擇安寧病房治療，壽險公司仍應理賠。

笑話篇：

　　有位外國人來台灣旅遊後，對台灣居民的刻苦耐勞，刻骨銘心！因為，他發現很多台灣民眾雖然一直吐血，仍然賣力的工作！而且一直吐到地上都是血「檳榔渣」。

　　有位阿公要買籃球送給孫子，就去店裡問？服務人員說只要將零錢投進去就可以了。結果阿公投了20元到投籃機後，籃球一直掉下來，他就用大袋子裝回家，邊走邊說，真便宜，才花了20元，就買了5顆籃球。

Part 2
經營篇

第六章 壽險經營組織與市場概況

第一節 壽險業經營與其他產業之比較

一、壽險業經營與一般買賣業之比較

壽險經營與一般傳統產業經營差異頗多，從商品、價格、專業與監理各面向比較如下表：

表6-1

項目/險種	壽險業	一般買賣業
無形商品	無形商品	有形商品為主
商品功能	●涉及生老病死等人身危險事故 ●商品具有保障、儲蓄、投資或節稅功能	●購買後即可使用 ●商品未涉及人身危險事故 ●商品不具有保障、儲蓄、投資或節稅功能
等價關係	●保費與保險給付常不存在等價關係，僅有對價關係	●商品價格與商品質量常有等價關係
成本或價格	●成本不確定，僅能採精算預估 ●契約生效後，未來事故發生才能獲得保障	●成本容易預估 ●許多商品購買後即可使用
契約期間	長期契約	短期契約或不須簽訂契約
經營專業	專業複雜	相對上，單純簡單
商品需求	缺乏主動投保需求	民眾常有主動購買需求
主管機關監理	嚴格監理	未嚴格監理
主要主管機關	金管會保險局	經濟部

二、壽險經營與產險經營之差異

壽險經營與產險經營差異頗多，就保險事故、商品、費率計算基礎與監理等方面，可列舉比較如下表：

表6-2

項目/險種	人身保險經營	財產保險經營
保險事故	● 人身危險事故 ● 包含生老病死傷殘失能等事故	● 財產與責任危險事故 ● 包含財產損失、責任補償、意外傷殘與醫療等
商品期間	● 主要為終身或定期	● 一年期
商品功能	● 壽險及年金險通常具有保障、儲蓄、投資與節稅 ● 壽險及年金商品之儲蓄或投資功能較強	● 主要為保障功能 ● 不具備儲蓄或投資功能
契約性質	壽險契約為定額保險契約	產險契約多為損害補償契約
保險利益	親屬家屬關係或經濟上利害關係等	經濟上利害關係，例如：財產所有權
保險費率計算基礎	● 與死亡率、生存率、利率、費用率、罹病率、意外死亡率、殘廢發生率等統計數據攸關 ● 保險費受利率影響大	● 預期損失率、平均損失金額、費用率、加減費因素等 ● 保險費與利率無顯著關係

三、社會保險與商業人身保險之差異比較

商業人身保險業為營利性質，經營主體為壽險公司，且保險給付主要為現金給付、投保額度視保戶需求而定，與社會保險差異頗多。可列舉比較如下表：

表6-3　社會保險與商業人身保險商品之比較

項目/險種	人身保險	社會保險
經營目的	營利	社會政策(非營利)
經營機構	壽險公司	政府單位,諸如健保署、勞保局等機構
承保對象	自然人	特定職業或身分之自然人
保險給付	主要為現金給付	現金給付與醫療服務等多元項目
保費負擔	要保人自行負擔	雇主、政府與投保人共同負擔
投保要求	自由投保	強制投保
保障原則	保障內容與額度選擇多元,隨保戶需求或財力而定	基本保障,保戶無從選擇
保費折扣與繳費方式	● 可能有集體彙繳折扣、轉帳或信用卡折扣 ● 可以選擇年繳、半年繳、季繳、月繳等繳費方式	無保費折扣且通常為每月繳納模式

參考資料來源:廖勇誠(2013),謝淑慧、黃美玲(2012)與柯木興(1993)。

第二節　壽險業經營的組織型態與市場概況

一、壽險業經營的組織型態

1. 個人保險組織:台灣壽險業組織並無個人組織型態,但保險經紀人或代理人可以個人執業,成立個人執業

代理人或經紀人,即為個人事務所型態。[32]

2. 股份有限公司:台灣所有的商業保險公司都是股份有限公司型態。

3. 保險合作社:台灣較少有保險合作社的組織型態,僅有諸如:漁船產物保險合作社採取合作社組織經營。

4. 相互保險公司:台灣尚未核准保險業以相互保險公司的組織型態設立;相較之下國外有較多的相互保險公司組織型態。

二、股份有限公司與相互保險公司經營比較

表6-4 比較股份有限公司與相互保險公司

構面/公司別	股份有限公司	相互保險公司
營利或非營利	以營利為目的	非營利,以會員利益為目的
所有權組織	●股東為公司的投資人,與公司保戶不同。 ●最高組織:股東大會	●相互公司由保戶組成,保戶投保保險後成為會員。 ●最高組織:會員大會。
籌資	●向股東(投資人)募資,稱為股本。 ●籌資容易:向股東募資即可,股東可以自由轉換股權。	●向保戶募資,稱為基金。 ●籌資困難:必須向會員(保戶)募資;會員間之權益轉讓,需經相互公司同意。
薪酬制度	薪酬福利較有彈性	薪酬福利相對僵化
人才聘用	人才聘用容易	人才招聘不易
主力商品	不分紅保單為主軸	分紅保單為主軸

資料來源:參閱袁宗蔚(1993),P.180~183,壽險管理學會(2011),第23章

三、近年壽險公司趨勢概況[33]

1. 近年來壽險公司家數略加減少，主要是由於公司合併或業務移轉以及外商出售，105年12月壽險公司家數減少為24家。

2. 台灣壽險業保費收入與總資產規模11年間迅速攀升，也反映出商品組合的變動與商品多元化的業務擴展。

3. 壽險公司資產規模與保費規模大幅增加，但壽險公司內勤人數並未大幅增加。

4. 登錄於壽險公司之業務人員數量呈現顯著下降，而且業務人員13個月定著率僅約48.39%(104度統計)，反映業務員生存不易而離職以及部分業務員轉戰經代人或銀行等金融相關機構之狀況。

表6-5　壽險業數據概況比較

項目/年度	91年	104年
初年度保費收入	2,633億	11,862.8億
總保費收入	8,892.9億	29,266.8億
整體壽險業資產規模	3.5兆	20.3兆
佔率(壽險業資產/金融保險業資產)	12.87%	29.85%

資料來源：保險事業發展中心財務業務統計與壽險公會統計

---

32 英國的勞依茲協會組織，透過個人會員組織一起承保，為典型的個人營利性保險組織。

33 業務員第 13 個月定著率＝當年度新登錄業務員人數迄第 13 個月仍在職（舉績 1 件以上）／當年度新登錄業務員人數。

四、近年整體壽險公司稅後淨利趨勢概況

1. 壽險業稅後淨利金額受總體經濟與金融市場影響甚大，獲利金額波動也高。

2. 97年底壽險業受金融海嘯衝擊，呈現鉅額虧損；隨後壽險業獲利轉趨成長，101~104年度獲利持續攀升。

圖6-1 近年整體壽險公司稅後淨利趨勢概況

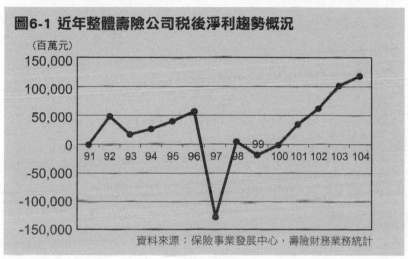

資料來源：保險事業發展中心，壽險財務業務統計

五、壽險公司資金運用概況

就105年6月底壽險公司資金運用佔率統計，可發現國外投資佔率最高，佔率高達60.7%，也反映出國內投資報酬率有限，壽險業為了賺取利差益，必須加強國外投資以提高投資收益率的情況。[34]另外，國內有價證券投資佔率高達23.6%，佔率排名第二。其次，放款與保單貸款佔整體資金運用總額約7.4%；不動產佔整體資金運用總額約6.1%；銀行存款佔整體資金運用總額僅約1.75%；其他項

目則佔率極低。

就國內有價證券投資進一步分析，主要以公債庫券為主，公債庫券佔有價證券投資近43%；公司債、金融債與基金投資佔有價證券投資約25%；另外國內股票投資佔有價證券投資近25%。

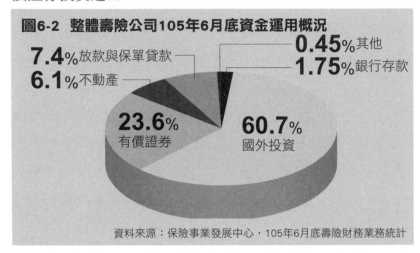

圖6-2 整體壽險公司105年6月底資金運用概況

7.4%放款與保單貸款
6.1%不動產
0.45%其他
1.75%銀行存款
23.6% 有價證券
60.7% 國外投資

資料來源：保險事業發展中心，105年6月底壽險財務業務統計

第三節 考題解析

一、請說明人壽保險股份公司與相互人壽保險公司在公司組織以及經營上的差異，及其對於保單持有人可能產生的影響。

---

34 保險法資金運用限制：壽險業國外投資最高比例為資金的 45%，外幣傳統保單經主管機關核准，其資金運用可不計入國外投資總額計算。隨著近年外幣傳統保單的熱賣，也讓國外投資總額（包含外幣傳統保單的國外投資金額）金額與佔率逐年攀升， 從 100 年年底的 38% 攀升為 106 年 6 月底的 60.7%。

參考解答：

1. 組織以及經營上的差異

構面/公司別	股份有限公司	相互保險公司
營利或非營利	以營利為目的	非營利，以會員利益為目的
所有權組織	●股東為公司的投資人，與公司保戶不同。 ●最高組織：股東大會	●相互公司由保戶組成，保戶投保保險後成為會員。 ●最高組織：會員大會。
籌資	●向股東(投資人)募資，稱為股本。 ●籌資容易：向股東募資即可，股東可以自由轉換股權。	●向保戶募資，稱為基金。 ●籌資困難：必須向會員(保戶)募資；會員間之權益轉讓，需經相互公司同意。
薪酬制度	薪酬福利較有彈性	薪酬福利相對僵化
人才聘用	人才聘用容易	人才招聘不易
主力商品	不分紅保單為主軸	分紅保單為主軸

2. 對於保單持有人可能產生的影響：

   (1)商品型態限制：相互保險公司所銷售商品為分紅保單，保戶通常無法選擇不分紅保單。另一方面，股份有限公司則主要銷售不分紅保單為主軸，商品型態差異明顯存在，客戶選擇當然也因此受限。

   (2)所有權與經營目的：相互保險公司保戶投保後，有機會參與公司經營，公司經營目的也以會員利益為主要目的；相較之下，股份有限公司之保戶，只是客戶，不具備所有權，無法參與公司經營，而且公

司經營也以營利為目的。

二、人壽保險業之經營係不同於一般工商企業之經營，不但銷售商品具特殊性且攸關社會大眾之權益甚鉅，試說明人壽保險事業之經營的特徵。

參考解答：

壽險經營與一般傳統產業經營差異頗多，從商品、價格、專業與監理各面向比較如下表：

項目/險種	壽險業	一般買賣業
無形商品	無形商品	有形商品為主
商品功能	●涉及生老病死等人身危險事故 ●商品具有保障、儲蓄、投資或節稅功能	●購買後即可使用 ●商品未涉及人身危險事故 ●商品不具有保障、儲蓄、投資或節稅功能
等價關係	●保費與保險給付常不存在等價關係，僅有對價關係	●商品價格與商品質量常有等價關係
成本或價格	●成本不確定，僅能採精算預估 ●契約生效後，未來事故發生才能獲得保障	●成本容易預估 ●許多商品購買後即可使用
契約期間	長期契約	短期契約或不須簽訂契約
經營專業	專業複雜	相對上，單純簡單
商品需求	缺乏主動投保需求	民眾常有主動購買需求
主管機關監理	嚴格監理	未嚴格監理

項目/險種	壽險業	一般買賣業
主要主管機關	金管會保險局	經濟部

第七章 壽險業主要部門職能概要與考題解析
第一節 壽險業部門職能架構
一、壽險公司部門職能架構

　　壽險公司的部門職能可大概區分為行銷通路、保單行政、精算商品企劃、財會投資風管、資訊系統與一般行政管理等體系。行銷通路方面，壽險公司已走向多元化行銷通路；主要行銷通路包含銀行保險通路、業務員通路、一般經代通路、團體保險通路與其他通路。其他通路包含關係企業行銷、VIP客戶行銷、電話行銷、媒體行銷、櫃台行銷與網路行銷等各種方式。保單行政方面，包含新契約核保、保戶服務、保費、理賠、客服中心與申訴等各項行政作業。精算商品企劃體系負責商品開發、精算統計、準備金、經驗率與成本利潤預估、經營企劃、商品企劃與再保事務。

　　其次，財務會計準則變更、繁雜多元的報表與商品、資產規模與保費規模的攀升，使得精算統計、財會與投資扮演著十分關鍵的角色，涉及公司重要經營數據與利差獲利金額。另外，隨著實施企業風險管理監理規範，風險管理、公司治理、內部控制、稽核與法令遵循，已經是不可或缺的例行要務。另外，資訊系統、網路與E化是壽險公司經營的成功關鍵，重要性極高，影響壽險公司的經營效率頗大。最後，人事行政、總務或國外事務部門等一般行政管理部室則管理與執行壽險公司的人事管理、職位調整

或調薪、財產管理與國外單位管理等事務，也各有其專業性。

整體來說，壽險公司的各體系、各部門或各職能間，如同人體器官需要彼此緊密相互配合，才能健康地發揮功能並運作。實務上，無論業務推展、資訊系統上線、商品、制度或活動推出、法規因應或專案的推動，都需要納入許多部室的同心協力與分工[35]，才能完成各項業務或專案。另外部門間，或許可能存在衝突，但也彼此互相依賴著，例如：行銷通路體系、保單行政體系與精算商品體系，時常有部門間的業務配合，但也偶有業務衝突。

表7-1 壽險公司各部門主要負責職掌範例

部門	主要職掌
業務部	業務員人事行政管理、單位業績與指標統計、業務獎勵辦法制定、業務推動與業務員通路行銷策略研擬等事項
教育訓練部	外勤人員教育訓練與刊物編輯等事項
經紀代理部	一般經代公司業務推廣及行政事務等事項
團體保險部	團險業務拓展、核保、保全與客戶服務
銀行保險部	銀行保險業務之開發、行政與推廣
直效行銷部	電話行銷、郵件行銷、網路行銷與電視行銷等業務推廣

---

35 例如：新商品推動同時需要商品部門、精算部門、契約部、保服部、保費部、理賠部、各業務通路、教育訓練部、資訊部、投資部、法令遵循部、人事公關部與財務會計部的長期投入與合作，才能順利將商品上市銷售。

部門	主要職掌
契約部	新契約之登載、核保與出單等事項
保費部	續期保費收繳與帳務管理等事項
保戶服務部	契約保全、保戶服務作業與申訴作業等事項
理賠部	保險理賠、調查與統計等事項
商品開發部	保險商品設計、商品精算、條款與送審、商品企劃等事項
精算企劃部	準備金與利源分析、簽證精算事務、統計分析、經營企劃與再保等事項
會計部	會計帳務、報表編製、預算與出納等事項
財務投資部	國內外固定收益投資、有價證券投資、外匯管理與投資管理等事項
放款部	公司房屋放款與企業擔保放款業務之推動
風險管理部	公司整體風險管理制度與事項之規劃、協調與執行
資訊部	資訊處理與網路服務、電腦主機與硬體管理、行政事務電腦化等事項
人事總務公關部	人事、文書、廣告公關與總務等事項
國外事務部	海外據點之評估、設立、協調與國際事務處理
法律事務與法遵部	公司法律事務之執行與法令遵循事務之規劃、協調與執行
稽核部	各部室業務與財務之稽核檢查等事項

二、保險代理人之分類與部門職能架構

1. 依據保險代理人管理規則，保險代理人執業型態可區分如下：

    (1)個人執業代理人，指以個人名義執行保險代理業務

之人。

(2)代理人公司，指以公司組織經營保險代理業務之公司。

(3)銀行兼保險代理業務，例如成立銀行保代部。

2. 依據保險代理人管理規則，保險代理人可依照經營的險種，區分為財產代理人及人身代理人。

3. 銀行向主管機關申請兼營保險代理業務，應設置專責部門經營業務，且其營業及會計必須獨立。

4. 壽險代理人公司部門職能架構

壽險代理人公司之主要部門與職能，相較於壽險公司單純，因為壽險代理人公司規模較小，而且以業務推動為主軸，可列舉如下表供參：

表7-2 壽險代理人公司各部門職掌範例

部門	主要職務
北區業務部	北區業務推展與單位管理
中區業務部	中區業務推展與單位管理
南區業務部	南區業務推展與單位管理
業務支援部	全省業務管理、統計、人事管理與訓練
保單行政部	全省新契約與保服理賠作業管理與聯繫
資訊服務部	資訊系統與E化平台管理與維護
行政管理部	人事、文書、廣告公關與總務等事項
法務與法令遵循室	法律事務與法令遵循事務
稽核室	稽核業務

第二節 核保職能概要[36]

壽險業核保人員，指為壽險業依核保處理制度及程序，從事評估危險並簽署應否承保之人[37]。保戶簽妥要保文件並透過業務人員送件後，壽險公司新契約部門先行將保單資料登載與掃描，以利後續由核保人員進行核保事務，確認是否需要要求客戶體檢、審查投保文件是否完整無誤、是否需要補繳保費、是否需要加費承保或照會、客戶適合度是否無誤等事項。確認新契約文件完整且被保險人體況符合核保規則時，才進行發單作業。核保作業十分重要，核保制度健全、業務招攬才能順利，後續理賠、保服與保費等作業才能順利進行。以下分項簡述核保相關職能如後：

一、危險選擇三階段

就壽險公司角度，健全的核保制度可以做好危險選擇與評估、避免逆選擇、降低道德危險及減少不當銷售之情形，使得公司死差益增加，費率也相對合理。就業務人員角度，若核保制度不健全，則長期來說公司商品保費需調高或商品佣金需調降，以反映營運成本。

壽險公司危險選擇，可分為以下三階段：

---

36 參風險管理學會 (2011)，人身風險管理與理財，第 2、6 章；呂廣盛 (1995)，個人壽險核保概論，第 8 章、壽險公會 (2012)，業務員資格測驗統一教材第六章，壽險管理學會 (2011)，人身保險，第二十六章
37 摘錄自保險業招攬及核保理賠辦法

1. 第一次危險選擇：由壽險業務人員負責，透過親晤保戶、填寫業務人員報告書與告知事項等要保文件，作第一次危險選擇。

2. 第二次危險選擇：主要由體檢醫師負責，針對抽檢案件、超過免體檢額度或體況件，透過體檢報告與調閱病歷等文件，作進一步的危險選擇。

3. 第三次危險選擇：主要由核保人員負責，針對要保文件、健康告知、病歷體檢報告、健康問卷、額外風險數據或體檢醫師意見，對於被保險人進一步採取適宜的核保措施。

二、核保體況分類與核保措施

就人壽保險而言，壽險公司承擔被保險人死亡危險程度高低之評估基準為淨危險保額(Net amount at risk)。核保人員若評估潛在死亡危險符合適當標準，則以標準保費承保；若被保險人的死亡率危險超過標準區間，就屬於次標準體。

壽險公司通常使用數理審查制度(Numerical Rating System)作為壽險商品危險高低評定之基準，以便能客觀公平又快速地評估被保險人之危險高低。數理審查制度需考量被保險人體重、身高、家族病史、個人疾病與既往症、生活習慣與環境等因素予以加減分，以綜合評定被保險人風險數值，決定被保險人屬於標準體、優良體(優體)

或次標準體(弱體)。例如：評等後低於125%為標準體，評等後高於125%為次標準體。

另外，假若評等後被保險人屬於次標準體，亦即被保險人存在額外死亡危險，此時壽險公司就需進一步評估額外危險的型態，並採取特別條件承保。一般來說，額外危險之型態可區分為遞增型、遞減型或固定型，不同的額外危險類型，採取的核保措施將有差異；另外針對危險過高個案，壽險公司也可能採取其他方式處理，例如：拒保。分項說明如後：

1. 遞增型額外危險：隨著年齡的提高，額外危險逐漸增高。諸如：血管疾病或糖尿病。如果額外風險屬於遞增型，則核保人員可採取特別保險費加費法，在保險期間內加收一定數額的保費，諸如加收50%的保費。

2. 遞減型額外危險：隨著年齡的提高，額外危險逐漸降低。諸如：消化性潰瘍疾病。對於遞減型危險，許多壽險公司採取年齡增加法加費或透過削額給付法方式因應。

3. 固定型額外危險：隨著年齡的提高，額外危險持續存在而且額外危險不會增高或降低。諸如：特定職業危險。對於固定型危險，許多壽險公司採取年齡增加法加費。

4. 其他：改換險種、拒保、延期承保、列為除外事項、限制理賠金額或限制理賠次數等。

三、特別條件承保之方式與説明[3839]

核保人員在審核契約時，若採用特別條件承保，通常有以下數種方式，列述如下：

1. 削額給付：針對遞減性質的承保危險，壽險公司可約定契約訂立後特定期間內身故，身故保險金必須依約定削減後的金額給付。諸如：前2年身故，給付保險金額的50%或75%。

2. 加費承保：對於遞增型承保危險或固定型危險，可以透過提高保費方式反應額外危險。諸如：針對體重過重或有血管疾病保戶，可收取特別保費，諸如：每期額外收取保費的50%金額。對於固定型危險，可考慮透過年齡加費法加收保費。

3. 改換險種：對於特定承保案件，若投保特定傷病保險、多倍型保險或危險保額過高之保險，壽險公司承擔之危險過高。此時壽險公司可能建議保戶更換投保的險種，改為危險保額較低，儲蓄功能較強的儲蓄型保險商品。

4. 其他方式：延期承保、列為除外事項、限制理賠金額或限制理賠次數等。

---

38 核保理賠配套措施：篩選潛在客戶後，可避免許多保險犯罪或濫用保險理賠之情事。許多公司透過資訊系統進行客戶分析，對於風險控制與理賠控制或行銷活動推動頗有幫助。

39 參風險管理學會，人身風險管理與理財，P.48-49；呂廣盛，個人壽險核保概論，P.77-81

四、核保作業風險管理概要[40]

核保風險係指壽險業因執行保險業務招攬、承保業務審查與相關費用支出等作業，所產生之非預期損失風險。壽險業對於核保風險應訂定適當之風險管理機制，並落實執行；其風險管理機制至少應包含下列項目：核保制度及程序之建立、核保手冊或準則之制定、核保風險管理指標之設定與建置完善的新契約核保系統等，分項說明如後。

1. 核保制度及程序之建立

   壽險業經營各項保險業務時，應建立其內部之招攬與核保等處理制度及程序，應包含下列項目：

   (1)保險代理人、保險經紀人、保險業務員與保險業之法律關係。

   (2)聘用核保人員之資格、職掌範圍、在職訓練及獎懲。

   (3)招攬作業、核保作業之處理制度及程序。

   (4)受理要保書至同意承保出單之程序及流程圖，其中至少應包含核保準則、分層負責授權權限、再保險安排等。

   (5)瞭解並評估保戶保險需求及適合度之政策。

   (6)不得有下列情事：

   　　(a) 未具核保人員之資格執行核保簽署作業。

---

40 摘錄修訂自保險業風險管理實務守則文字

(b) 未依保險商品內容予以評估並簽署承保。

(c) 對特定承保對象施以不公平待遇，或僅因被保險人為身心障礙者而有不公平待遇。

(d) 以保單追溯生效方式承保。

(e) 未確實審閱要保人或被保險人及保險業招攬人員之簽章、簽署或填報內容。

(f) 未落實要保人財務核保程序、保險通報機制或適合度政策。

(g) 壽險代理人公司或壽險經紀人公司之業務，若由其所屬保險業務員招攬者，保險業務員未於要保書上簽章或未由合格保險代理人或保險經紀人簽署。

(h) 其他損害保戶權益之情事或其他經主管機關規定應遵行之事項。

2. 核保手冊或準則之制訂

為求有效維護承保業務品質及降低潛在核保風險，壽險業應就所經營之各項保險業務，分別制定相關之核保手冊，以資遵循。核保手冊中，應包括下列項目：

(1) 承保業務種類及範圍、簽單條件與額度。

(2) 拒保、限保業務之種類及其判核層級與額度。

(3) 每一危險單位淨自留額度及分保標準。

(4) 訂立各級核保人員分層授權範圍及額度。

3. 核保風險管理指標之設定

為有效評估及檢測各項險種核保作業績效，壽險業應制定相關管理指標以供管理階層參考。

4. 建置完善的新契約核保系統

因應新契約與核保作業E化，並達到即時監控核保作業風險目標，實有賴於完善的新契約核保系統，才能發揮效率並評估與監控風險。

五、壽險公司管理道德風險因素之方法

1. 公會通報制度：針對同一被保險人之新契約案件，各壽險公司皆須向壽險公會通報，以便對於高額承保案件或可疑案件加以監控，減少道德風險事故發生。

2. 核保：透過要保文件審查與核保規範，限制與減少道德危險之發生。諸如：要求業務人員填寫業務人員報告書、要求客戶的所得與投保額度相當等限制。

3. 理賠：透過每月統計分析，監控理賠異常情形；另針對可疑之道德風險個案，透過理賠調查或訴訟的手段處理。

4. 列為除外不保事項：對於故意行為或犯罪行為直接列為除外事項，例如：在契約條款將二年內的自殺列為除外。

5. 安排再保險：透過再保險的安排與危險移轉，可以分散壽險公司的核保理賠風險並穩定公司獲利。

6. 其他：同業合作或與警政機關合作等。

第三節 理賠與保戶服務職能概要

一、理賠職能概要

　　保戶投保保險的目的，當然是期望發生保險事故時，被保險人與受益人可以獲得理賠；因此理賠給付對於保戶是最重要的。理賠給付名稱頗多，各種險種類型不一，例如：身故保險金、全殘保險金、喪葬費用保險金、祝壽保險金、退還保單價值準備金或退還所繳保費、重大疾病保險金或特定傷病保險金、住院醫療保險金、住院日額保險金、長期看護保險金、癌症住院保險金、意外身故保險金、意外殘廢保險金與意外醫療保險金等等。另外，針對生存給付部分，例如：滿期保險金、生存保險金與年金等生存給付，壽險公司多由保戶服務部門或客戶服務中心負責給付。

　　依據保險業招攬及核保理賠辦法，保險業理賠人員指為保險業依保險契約與理賠處理制度及程序從事保險賠款或給付理算並簽署應否賠償之人。壽險公司理賠人員針對理賠案件進行理賠審查作業時，需要針對理賠事故確認是否為承保事故、確認被保險人身分、確認受益人身分、確認理賠金額、確認理賠申請文件是否週全、確認理賠申請時效、確認理賠案件是否與先前為同一事故及確認就診醫療院所是否可議等諸多事項，才能針對個案呈核裁決，並於確認後進行賠付。另外，就理賠部組織職掌來說，除了理賠案件行政作業外，理賠部門也負責理賠系統操作與維

護、商品理賠規則的擬訂與修訂、理賠專案企劃與推動等事宜，並需針對理賠案件進行管理與統計分析，必要時並進行理賠調查，以減少不當理賠風險的發生。

理賠風險係指壽險業在處理理賠案件過程中，因作業不當或疏失而產生之風險。壽險業應審慎評估理賠風險並建立適當之理賠處理程序。為避免理賠風險或不當損失發生，壽險業對於理賠作業應訂定內部理賠處理程序，其內容至少應包含下列項目：[41]

1. 聘用理賠人員之資格及權責。
2. 各險理賠作業手冊及理賠作業流程。
3. 各級理賠人員授權範圍、理賠金額授權額度及分層授權核決權限表。
4. 建置完善的理賠資訊系統：因應E化與即時監控作業風險目標，實有賴於完善的資訊系統，才能發揮效率並評估與監控風險。
5. 其他經主管機關規定應遵行之事項。

二、保戶服務職能概要

壽險契約絕大多數為長期契約，因此保戶投保壽險商品後，壽險公司必須提供長期的保單服務。保戶服務項目多元，諸如：姓名變更、地址電話變更或受益人變更，抑

---

41 摘錄與修訂自保險業風險管理實務守則文字。

或辦理繳費年期變更、繳費方法或繳別變更、扣款資料變更、險種轉換、減額繳清、展期保險、增加或減少保額、提領、解約、復效、投資標的轉換或贖回、保單貸款與還款等事宜。另外許多壽險商品或年金商品含有生存給付部分，包含滿期保險金、生存保險金與年金等生存給付，通常壽險公司多由保戶服務部門或客戶服務中心負責執行給付作業；因此保戶服務部也需要負責給付作業。另外保戶服務部還需要負責保戶服務系統操作與維護、商品保服規則的擬訂與修訂、保服作業統計分析與審查、保服專案企劃與推動等事宜，職能十分多元化，但也存在著保服作業風險。

保戶服務行政作業中，許多項目涉及作業風險與損失，尤其涉及高額保單貸款、高額解約或贖回、高額生存給付或受益人變更作業，都涉及高風險，例如：冒名辦理保單貸款、冒名辦理解約或贖回轉換與冒名領取生存給付。另外為健全壽險公司保戶服務制度並避免因風險事件發生，導致壽險業的非預期損失，壽險公司應該透過行政控管措施、保戶服務處理程序準則與保戶服務資訊系統，控管與降低相關作業風險。壽險業對於保戶服務作業應訂定內部保服作業處理程序，其內容可包含下列項目：[42]

1. 聘用保服人員與核保人員之資格及權責。

---

42 摘錄與修訂自保險業風險管理實務守則文字。

2. 各險保服作業手冊及保服作業流程。

3. 各級保服人員授權範圍、保服金額授權額度及分層授權核決權限表。

4. 保服資訊系統：因應E化與即時監控作業風險目標，實有賴於完善的資訊系統，才能發揮效率並評估與監控風險。

5. 其他經主管機關規定應遵行之事項。

第四節 商品精算與財會投資職能概要

一、壽險業商品與精算部門職能概要

　　壽險業的商品與精算職能，可以概分為商品開發(Pricing)與精算數理(Valuation)二大職能，概念上商品開發部門負責新商品開發與既有商品修訂維護相關事務；精算部門則負責準備金、成本利潤試算、統計分析與再保作業。詳細來說，商品開發部門職能包含商品構想、商品條款、利潤測試與保費計算、商品送審、商品上市作業、商品策略與商品企劃等職務。精算數理部門職能則包含準備金提存、利潤與績效分析與追蹤、商品精算參數追蹤、簽證精算報告、保服與理賠作業之精算作業支援、再保、業務制度與業務獎勵成本精算等職能，職務內容相當多元。以下僅就簽證精算報告、再保與商品開發流程等項目，提出摘要說明。

二、簽證精算報告內容

壽險業的簽證精算人員每年應向主管機關提出簽證精算報告，報告內容需包含以下項目：[43]

1. 保險費率之釐訂：簽證精算人員應就主管機關指定之險種，定期檢視商品費率。如其未具公平性、合理性或適足性時，應提出適當之修正費率或其他可行之處理措施。

2. 各種準備金之核算：簽證精算人員除應確定保險業提列之各種準備金不少於法定最低要求外，並合理確保其數額足以因應其保單未來之給付所需。若有不足，簽證精算人員應向保險業建議相關之因應措施。

3. 保單紅利分配：人身保險業之簽證精算人員應於保險業每年作分紅保單之紅利分配前，建議適當的保單紅利分配。

4. 投資決策評估：簽證精算人員應就保險業之投資對其資產與負債之配合及影響，提供專業分析及意見，作為訂定投資決策之參考。

5. 清償能力評估：簽證精算人員每年應以不同假設的經濟條件及環境，評估保險業之財務清償能力。

6. 其他經主管機關指定辦理之事項。

---

43 摘錄與修訂自保險業簽證精算人員管理辦法。

三、壽險再保險職能概要

再保險是壽險公司將承保的危險，轉向再保險人承擔危險的契約行為。再保險職務包含再保政策訂立、合約洽談與訂立、再保統計與收支確認以及自留限額決定等。再保險職能影響公司獲利與危險承擔甚鉅，實為壽險公司的重要業務之一。因為妥善安排再保險，可以適度移轉風險與分散風險，並進而讓壽險公司經營更加穩健安全，也進一步讓壽險公司得以獲得合理利潤、穩定損失經驗與擴大承保額度。

再保險之安排方式，壽險業較普遍常用的方式為合約再保險，其他再保方式諸如臨時再保險、非比例性再保或其他方式較少用。通常壽險公司多以安排合約再保險方式規劃再保險業務，可能採取溢額合約再保險、比率再保險或溢額比率混合再保險，不同險種之再保險安排各有其差異，但溢額合約再保險是最常被採用的再保方式。[44]

四、商品開發流程概要

壽險公司商品上市販售前，需經過內部的商品評議小組審議，並經保險商品管理小組的相關單位分工合作後，

---

44 溢額再保險：指原保險人對於超出自留限額的承保責任，依照再保險合約規範自動分保予再保險人承擔，並以自留額的特定倍數作為再保險人之最高責任限額。參閱陳建勝、楊和利與徐璧君等(2012)，實用保險學個案導向，P.194~195 與凌氤寶、康裕民與陳森松，保險學理論與實務，第 12 章

才能順利上市。詳細來說，壽險商品上市需要經過保費、保服、契約、理賠、精算、商品、企劃、會計、資訊、投資、總務、訓練、行銷通路、公關與法令遵循等各單位的共同投入與分工合作，商品才能順利上市。參酌保險商品銷售前程序作業準則，摘列備查商品之商品開發流程概要如下：

1. 商品研發前之評估
   (1)評估保險商品之妥適性及合法性。
   (2)評估保險費水準與市場競爭力。
   (3)評估系統行政之可行性。
   (4)評估政策目標並確立可行作法，對於保險商品設計之專業注意義務、善良管理人義務、目標市場及消費者權益保障等事項均應有具體構想。
   (5)設計保險商品時，不得有虛偽、詐欺、誇大宣傳保險業績效，或其他足致他人誤信之行為。

2. 商品條款研擬：壽險業研擬商品條款時，應注意下列事項：
   (1)依據保險商品設計內容擬訂。
   (2)檢視保險單條款文義之明確性。
   (3)確認遵守保險相關法令。

3. 利潤測試與研擬計算說明書：壽險業研擬計算說明書時，應注意下列事項：
   (1)設定給付項目及蒐集費率釐訂之參考資料，並確認

其與費率之釐訂具關連性，且費率符合適足性、合理性及公平性。

(2)設定投保年齡限制、投保金額限制及繳費型態。

(3)進行保險費試算。

(4)計算準備金與契約變更。

(5)進行檢測定價及風險評估。

4. 召開保險商品管理小組會議審核：保險商品於準備銷售前，應召開保險商品管理小組會議，查核下列事項後，始得銷售該保險商品：

(1)保險商品資訊揭露。

(2)精算數據上線及核對。

(3)風險控管機制及再保險安排。

(4)資訊系統之設定及測試。

(5)條款、要保書、費率表、簡介等文件之印製。

(6)教育訓練。

5. 商品送審前程序：商品呈送保險局等單位審查之程序，應注意下列事項：

(1)壽險業送審保險商品前應由總經理或經其授權之部門主管及合格簽署人員簽署確認。

(2)壽險業將保險商品送主管機關審查前應由保險商品評議小組評議，每次會議應作成紀錄，送總經理核閱，並備供主管機關查核。

(3)總經理對其授權之部門主管之行為，應同負責任，

並對其簽署人員負督導之責。

6. 售後追蹤

保險商品銷售後，壽險業應至少每半年召開一次保險商品管理小組會議，檢視保險商品下列事項，並作必要之調整修正：

(1) 相關法令遵循。

(2) 消費者權益保護。

(3) 經營策略或潛在影響現在或未來清償能力。

(4) 資產負債配置允當性。

(5) 保險商品定價合理性分析及因應措施。

(6) 各類商品集中度風險分析及因應措施。

五、壽險業財務會計職能概要

1. 財會部門職務與壽險業會計制度：

壽險業的財會部門，除了負責財務業務報表編制、保費收入與營業費用核算與認列、會計資訊系統的管理維護、日常資金調度外，還需要負責公司的預算制度管理、會計制度因應與規劃等各事務，職務項目多元。

進一步就壽險業的會計制度來說，壽險業會計制度對於收入與費用認列、資產負債與權益認列、利潤金額認列、財務報表簽證與揭露等項目皆有重大影響。

壽險業的會計制度與一般產業會計制度差異甚大；壽

險業的會計制度需遵循金管會保險局與壽險公會核定的人壽保險業統一會計制度。針對壽險業會計制度與一般公認會計原則之差異比較如下：

表7-3

項目別	壽險業會計制度	一般公認會計原則
經營假設	• 採修正清算價值假設，以公司清算的假設基礎，進行更保守的評價。	• 採繼續經營假設，假設公司將會永續經營。
保費收入與費用認列	• 採取聯合基礎，平時採現金收付基礎認列收入，期末再以權責發生基礎調整。 • 壽險業的成本在支出當年度足額認列，收入則依照該年度已實現收入認列。	• 收入實現原則：一般依照權責發生基礎認列收入。 • 成本與收入配合原則：當期已實現的收入與產生的成本相配合認列。
資產負債評價	• 採取修正清算價值假設，更保守的評價資產與負債金額。 • 資產價值僅可認列認許資產。 • 負債金額：需要依照更保守的基礎來提存準備金。 • 壽險公司的負債項目中，佔率最高的項目為各項準備金。	• 各項資產負債可依會計原則認列為資產或負債，但需依照會計原則評價。 • 資產依據歷史成本原則評價。
政府監督	• 政府從嚴監督與檢查	• 受政府監督少

資料來源：參鄒政下(1996)；林敏華、賴本隊(2004)，P.488-489

2. 各國保險業已陸續實施國際財務報導準則(IFRSs, International Financial Reporting Standards)，壽險業實施IFRS制度後，壽險業的資產與負債皆需要依

照公平價值或公允價值(Fair Value)評價，壽險業準備金提存壓力也增高，這也是台灣部分外商壽險公司紛紛出走或被本土壽險公司合併之主因之一。

六、壽險業的投資職能概要

壽險商品為長期契約，加上壽險商品儲蓄與投資功能強，所以壽險業可運用資金持續累積；105年6月底壽險業可運用資金總額已高達19.1兆。另外，壽險業必須將可運用資金進行投資運用，而且必須投資報酬率高於預定利率或宣告利率一定比率的利差幅度，才能賺取利差益。如果壽險公司投資報酬率偏低，通常造成投資報酬率低於或接近於有效契約平均資金成本或平均負債成本率，因而造成利差損窘境。由以上說明可知道壽險業的投資績效，實為壽險公司獲利的重要關鍵，這也突顯出壽險業投資部門的重要性。

投資部門必須在符合法令規範之限制下，將公司可運用資金做最適配置。然而可運用標的頗多，如何分工？大部分壽險公司依照投資標的別專業分工模式，執行各項資金運用業務。舉例而言，壽險業的長期資金居多，考量資產負債配合與資金需求後，將許多資金投資於國外債券、國外證券與基金、國內債券、國內證券與基金、不動產投資、房屋抵押貸款、保單放款與外匯操作管理。因此壽險公司組織架構中，將設立國內外固定收益、國內外證券投

資、外匯管理、放款與未上市證券投資等單位。

　　壽險公司的投資績效影響公司獲利頗大，因此投資主管之專業度與適格度十分重要。分項說明如下：

1. 依據保險商品銷售前程序作業準則，壽險業的投資簽署人員，需在國內外實際處理金融、證券或其他投資業務三年以上，而且投資簽署人對於商品之資產負債配置計畫書內容與投資標的說明書，需要確實檢視正確性、合理性及適法性。

2. 依據保險業資產管理自律規範，壽險業管理資產時，應考量負債及風險，並分析資產與負債之關係，確保有足夠之清償能力。可見投資部門與商品精算財會部門的密切分工合作，尤為重要。

3. 依據保險業資產管理自律規範，壽險業訂立之投資管理流程，其內容應包括：

   (1)制定整體性投資政策。

   (2)設置並授權相關單位執行投資政策。

   (3)分析、衡量及控制投資結果與風險，其內容應包括：

   　(a) 建立風險管理機制。

   　(b) 建立完善之內部控制及稽核制度。

   　(c) 建立適當之投資績效評估流程。

   　(d) 建立相關人員適當且即時之投資溝通機制。

   　(e) 建立投資政策與流程合理性之內部檢視機制。

第五節 壽險業的行銷通路職能概要

一、多元化行銷通路趨勢

壽險業的行銷通路已走向多元化行銷通路，涵蓋業務人員通路、銀行保險通路、一般經代通路、直效行銷通路、團體保險、關係企業行銷、VIP客戶行銷等多元化行銷通路。就各行銷通路項目，可以列述如下：

1. 業務員通路：又可依照業務人員是否同時負責收取續期保費，區分為收展制度或專招制度。

2. 銀行保險通路：銀行或證券公司普遍皆設立保險經紀公司或保險代理公司，以便於其理財專員、營業員、投資專員或行政人員招攬人身保險業務並為公司賺取佣酬。

3. 一般經代通路：非由銀行或證券公司投資設立的經代公司，通稱為一般經代公司。一般的經代公司主要透過登錄於保代公司或保經公司的業務人員招攬業績。

4. 直效行銷通路：透過電話行銷、郵件行銷、網路行銷與電視行銷等銷售管道銷售壽險商品的模式。

5. 團體保險：主要目標客戶為法人或企業客戶，透過向法人或企業客戶推展團體保險商品並提供後續保單相關服務，協助企業法人實施員工福利與落實勞基法雇主責任。

6. 其他通路：諸如：關係企業行銷與VIP客戶行銷等。

二、壽險公司的主要行銷通路部門職務範例

部門	主要職掌
業務部	業務員人事行政管理、單位業績與指標統計、業務獎勵辦法制定、業務推動與業務員通路行銷策略研擬等事項
教育訓練部	外勤人員教育訓練與刊物編輯等事項
經紀代理部	一般經代公司業務推廣及行政事務等事項
團體保險部	團險業務拓展、核保、保全與客戶服務
銀行保險部	銀行保險業務之開發、行政與推廣
直效行銷部	電話行銷、郵件行銷、網路行銷與電視行銷等業務推廣

三、壽險代理人公司行銷通路部門主要職務範例

部門	主要職務
北區業務部	北區業務推展與單位管理
中區業務部	中區業務推展與單位管理
南區業務部	南區業務推展與單位管理
業務支援部	全省業務管理、統計、人事管理與訓練

四、壽險公司的行銷通路體系職務概要

依照主要的職務區分，壽險公司的行銷通路體系，依照主要的職務區分，可區分為業務行政人員與業務行銷人員，業務行政人員負責業務管理、目標訂立與追蹤、業績統計、人事管理、行政管理、獎勵制度、活動規劃與人員訓練等各職務。業務行銷人員則主要負責單位或個人的業

務招攬、業務管理與推動、客戶管理、增員與輔導訓練等
事務。另外,並非所有的業務行銷人員都是低底薪高佣金
制,許多業務行銷人員其實是固定薪搭配獎金制,例如:
團體保險推廣人員、經代推廣人員、銀行保險輔導推廣人
員或理財專員等。

　　另外,壽險公司的資訊部門與業務行政人員提供許多
業務行政支援,以協助業務行銷人員推展業績;其中業務
支援系統就是其中一項資訊系統面的支援。就壽險公司或
經代公司的業務支援資訊系統而言,通常具備以下功能:

1. 訊息傳遞功能:公文訊息、電子郵件收發、活動訊
   息、新商品公告、人事公告。
2. 教材與表單功能:證照考試題庫與教材、商品資訊與
   佣金率查詢。
3. 保單與客戶查詢功能:保單核保進度查詢與保單基本
   資料查詢。
4. 績效管理:所屬單位業績(FYP,初年度保費)、初年
   度佣金(FYC)、新契約件數、考試及格率、回購率、
   回應率、繼續率與定著率查詢。
5. 建議書系統:提供客戶管理、商品簡介、商品給付內
   容圖表化、商品給付金額摘要與保費計算等功能。
6. 其他:諸如行銷活動管理與名單傳送及提供跨售訊息
   等。

五、壽險公司的直營業務員通路與保險代理人通路之差異比較

壽險公司的直營業務通路,主要透過所屬各職級業務人員推展業務;另外保險代理人通路,主要也透過各職級業務人員推展業務,但進一步分析仍可比較二者差異如下:

項目	直營業務員 (直屬業務通訊處)	壽險代理人通路
銷售商品	● 壽險公司商品部門開發,開放業務通路銷售之商品。	● 專屬代理人公司:銷售該簽約壽險公司之授權銷售商品。 ● 普通代理人公司:銷售多家公司的簽約商品。
業務制度	壽險公司訂立	保險代理人公司訂立
佣金支給	● 由壽險公司支付各職級業務人員不同的佣金支給。 ● 佣金支給發放作業由壽險公司負責。	● 壽險公司支付代理人公司代理佣金支給。 ● 代理人公司所屬業務人員之佣金支給由代理人公司自行發放。
教育訓練	主要由壽險公司訓練部或業務部負責。	主要由代理公司自行負責。
業務管理	主要由壽險公司業務行政部門負責。	主要由代理人公司之業務支援或業務行政部門負責。

小叮嚀:

本章內容偏向組織與部門職能實務分享,部分內容並未列入91-105年考題內,僅供參酌。

第六節 考題解析

壹、選擇題

一、對於遞增型之額外風險，例如糖尿病患者，適合採用何者方式承保？

A.保險金削減給付法

B.年齡增加法

C.特別保險費徵收法

D.額外保費法。

參考解答：C

二、人壽保險被保險人風險評定方法，係以「基準分數」為標準，當風險因素有利於風險評定時，按基準分數減點，如風險因素不利於風險評定時，則按基準分數加點，此種風險評定方法稱為：

A.經驗費率法

B.表訂費率法

C.數理查定法

D.標準加減法

參考解答：C

●壽險公司通常使用數理審查制度(Numerical Rating System）作為壽險商品危險高低評定之基準，以便能客觀公平又快速地評估被保險人之危險高低。

三、稽核人員負責稽核業務，其不得兼任與稽核工作相互衝突或牽制之職務；保險代理人公司應置適任及適當人數之稽核人員，隸屬於何者？

A.風控長

B.獨立董事

C.董事會

D.總稽核

參考解答：D

四、有關改善壽險契約繼續率的方式，下列何者錯誤？

A.加強業務人員教育訓練

B.改善佣金制度

C.改變經營態勢

D.強化再保安排

參考解答：D

五、有關人身保險經營本質之敘述，下列何者錯誤？

①成本決定於未來，有賴精確之估計

②新契約越多，當年盈餘愈大

③壽險可以累積長期資金，經營者應財務與業務並重

④壽險經營之利益來源主要為投資利潤與費差益

A.僅②

B.①③

C.②③

D.②④

參考解答：D

●不同規模之壽險公司，其獲利來源存有差異。

貳、問答題

一、壽險公司對屬於次標準體（Substandard Life）之被保險人，採用"保險金削減法（Lien Method）"方式承保，試說明其特色與類別。

參考解答：

1. 針對次標準體被保險人，而且危險性質屬於遞減型危險時，壽險公司核保人員常採取保險金削減法之核保措施針對個案處理；另外，通常削減給付的期間長短，也需要配合次標準體被保險人的額外危險存續期間而定。

2. 保險金削減法介紹：壽險公司針對次標準體被保險人之危險性質評估後，於訂立契約時與客戶約定，在特定保單期間內身故或全殘，各年度保險給付必須依約定削減後的金額給付。諸如：前2年身故，僅給付保險金額的50%。

二、試說明核保實務上「數理查定制度（numerical rating system）」之意義？並說明其在核保實務上如何

運用？

參考解答：

1. 數理查定制度（numerical rating system）」之意義

   壽險公司通常使用數理審查制度作為壽險商品危險高低評定之基準，以便能客觀公平又快速地評估被保險人之危險高低。數理審查制度需考量被保險人體重、身高、家族病史、個人疾病與既往症、生活習慣與環境等因素予以加減分，以綜合評定被保險人風險數值，以決定被保險人屬於標準體、優良體(優體)或次標準體(弱體)。例如：評等後低於125%屬於標準體，評等後高於125%為次標準體。

2. 核保實務上如何運用

   假若評等後被保險人屬於次標準體，亦即被保險人存在額外死亡危險，此時壽險公司就須進一步評估額外危險的型態，並採取特別條件承保。一般來說，額外危險之型態可區分為遞增型、遞減型或固定型，不同的額外危險類型，採取的核保措施將有差異；另外針對評等後危險過高個案，壽險公司仍可能採取其他方式處理，例如：拒保。分項說明如後：

   (1)遞增型額外危險：隨著年齡的提高，額外危險逐漸增高。諸如：血管疾病或糖尿病。如果額外風險屬於遞增型，則核保人員可採取特別保險費加費法，在保險期間內加收一定數額的保費，諸如加收

50%的保費。

(2)遞減型額外危險：隨著年齡的提高，額外危險逐漸降低。諸如：消化性潰瘍疾病。對於遞減型危險，許多壽險公司採取年齡增加法加費或透過削額給付法方式因應。

(3)固定型額外危險：隨著年齡的提高，額外危險持續存在，且額外危險不會增高或降低。諸如：特定職業危險。對於固定型危險，許多壽險公司採取年齡增加法加費。

(4)其他：改換險種、拒保、延期承保、列為除外事項、限制理賠金額或限制理賠次數等。

三、道德危險是壽險公司在經營上最大的挑戰。試問壽險公司採取那些方式以降低道德危險？

參考解答：

1. 道德危險因素指個人不誠實或不正直的行為或企圖，故意促使危險事故發生，以致於引起損失結果或擴大損失程度。

2. 壽險公司處理道德危險因素之方法如下：

(1)公會通報制度：針對同一被保險人之新契約案件，各公司皆須向壽險公會通報，以便對於短期高額承保案件或可疑案件加以監控。

(2)核保：透過要保文件與核保規範，限制與減少道德

危險之發生。諸如：要求業務人員填寫業務人員報告書、要求客戶的所得與投保額度相當等限制。

(3)理賠：透過每月統計分析，監控理賠之異常情形。另針對可疑之道德危險個案，透過調查或訴訟的手段處理。

(4)列為除外不保事項：對於故意行為或犯罪行為直接列為除外事項，例如：在契約條款將二年內的自殺列為除外。

(5)安排再保險：透過再保險的安排與危險移轉，可以分散壽險公司的核保風險並穩定公司獲利。

(6)其他：同業合作或與警政機關合作等。

四、說明壽險公司進行危險選擇的過程；由於核保作業關係壽險公司經營的穩健發展與成敗，故壽險公司亦需對核保部門進行管理，試說明核保管理的重點為何？

參考解答：

核保管理的重點可列述如下：

1. 核保制度及程序之建立：壽險業經營各項保險業務時，應建立其內部之招攬與核保等處理制度及程序。並應留意以下事項：

   (1)保險代理人、保險經紀人、保險業務員與保險業之法律關係。

   (2)聘用核保人員之資格、職掌範圍、在職訓練及獎

懲。

(3)招攬作業、核保作業之處理制度及程序。

(4)受理要保書至同意承保出單之程序及流程圖，其中至少應包含核保準則、分層負責授權權限、再保險安排等。

(5)瞭解並評估保戶保險需求及適合度之政策。

(6)不得有下列情事：未具核保人員之資格執行核保簽署作業、其他損害保戶權益之情事或其他經主管機關規定應遵行之事項。

2. 核保手冊或準則之制訂

為求有效維護承保業務品質及降低潛在核保風險，壽險業應就所經營之各項保險業務，分別制定相關之核保手冊，以資遵循。核保手冊中，應包括下列項目：

(1)承保業務種類及範圍、簽單條件與額度。

(2)拒限保業務之種類及其判核層級與額度。

(3)每一危險單位淨自留額度及分保標準。

(4)訂立各級核保人員分層授權範圍及額度。

3. 核保風險管理指標之設定：為有效評估及檢測各項險種核保作業績效，壽險業應制定相關管理指標以供管理階層參考。

4. 建置完善的新契約核保系統：因應新契約與核保作業E化，並達到即時監控核保作業風險目標，實有賴於完善的新契約核保系統，才能發揮效率並評估與監控

風險。

五、保險市場存有逆選擇（adverse selection）的現象，因而核保（underwriting）在保險經營上為重要工作項目之一，人壽保險核保的情報資料來源有那些？這些情報資料在核保上具有什麼作用？

參考解答：

1. 壽險公司核保或危險選擇，可分為以下三階段：

    (1)第一次危險選擇：由壽險業務人員負責，透過親晤保戶、填寫業務人員報告書與告知事項等要保文件，作第一次危險選擇。

    (2)第二次危險選擇：主要由體檢醫師負責，針對抽檢案件、超過免體檢額度或體況件，透過體檢與調閱病歷等文件，作進一步的危險選擇。

    (3)第三次危險選擇：主要由核保人員負責，針對要保文件、健康告知、病歷體檢報告、健康問卷、額外風險數據或體檢醫師意見，對於被保險人進一步採取適宜的核保措施。

2. 核保情報資料之作用

    透過核保情報資料，可協助核保人員進一步評估被保險人之危險類型、危險存續期間與危險高低，方便核保人員進一步針對不同危險類型的被保險人，採取不同的核保措施。另外透過核保情報資料的佐證與輔

助，也才能針對個案提出最合理公平的核保措施，例
如：加費50%或削減給付期間3年。

六、「銀行保險」（Bancassurance）已成為我國壽險市場的重要行銷通路，試分別從客戶利益、保險公司效益之角度說明銀行保險通路之影響？另有關「銀行保險」經營成敗的因素有那些？試說明之。

參考解答：

1. 從客戶利益說明銀行保險通路之影響

   從客戶財富管理觀點來看，壽險商品通常為長期商品、銀行商品多為短期商品，長短期商品之相輔相成，正可提供客戶的最適長中短期財富管理配置。列舉說明如下：

   (1) 人壽保險商品為長期商品，銀行存款商品主要為短期商品，透過長期商品可補銀行商品之不足，滿足客戶長中短期需求。

   (2) 萬能保險、利率變動型年金或薑繳儲蓄保險之儲蓄功能強，而且中長期商品報酬率常高於定期存款利率或活期存款利率，因此頗受存款戶青睞。

   (3) 變額年金保險或投資型保險提供多元化基金商品與壽險或年金保障，商品特質與共同基金各有優劣，可以提供客戶多元化投資退休選擇。

   (4) 透過壽險商品的稅惠，結合信託商品的專業安全管

理與投資，可讓客戶保險金給付更具彈性與安全性。

2. 銀行保險通路發展佳，對於保險公司而言，有以下影響：

(1)增加保費收入規模：透過銀行保險通路，可以增加保險公司的保費收入來源。

(2)提高商品知名度與增加客戶廣度：銀行客戶廣大且據點多，可以提高商品知名度與客戶的廣度。

(3)銀行保險通路之獲利有限且行政服務要求高：經營銀行保險通路，壽險公司必須在行政作業、商品服務、資訊服務與佣金獎勵等各方面，付出相當多資源，成本頗高；另一方面，銀行佣酬高，對壽險公司之獲利率相對減低，亦是挑戰。

3. 銀行保險經營成敗的因素：

銀行保險經營成功的因素頗多，摘要列舉如下：

(1)商品面：商品收益率高或保障完整且佣金獎勵金佳。

(2)行政服務面：行政與資訊系統服務完整、精確又有效率。

(3)公司財務與知名度：公司財務穩健且知名度高。

(4)訓練業務支援與業務聯繫：壽險公司提供高配合度的訓練業務支援與便利的業務聯繫。

七、試從壽險公司業務處理程序，申述"壽險公司業務流程"及"各流程所負責的部門其重要人員所需具備之資格"。

參考解答：

"壽險公司業務流程"與"各流程所負責的部門其重要人員所需具備之資格"，可列表如下：

流程別	部門人員	所需具備資格
業務招攬	●各行銷部門壽險業務人員或銀行證券業理財專員或服務人員	●通過壽險業務員證照並完成登錄報聘。 ●銷售外幣保單與投資型保險另須通過外幣保單與投資型保險業務員資格測驗。 ●另須符合教育訓練要求。
要保文件、繳費與發單	●契約或保費職員：保單登載掃描人員、核保人員、發單作業人員、保費行政人員	●核保人員須取得核保證照。 ●核保簽署人需符合證照與經歷資格並符合教育訓練要求。 ●發單、登載與保費行政等作業人員須熟悉作業與流程。
客戶服務	●保戶服務部職員	●保全簽署人需符合證照與經歷資格並符合教育訓練要求。 ●保服作業職員須熟悉各項作業流程與危險選擇專業。
理賠服務	●理賠部職員	●理賠人員須取得理賠證照並熟悉理賠相關法規。 ●理賠簽署人需符合證照與經歷資格並符合教育訓練要求
商品精算	●商品精算部門職員	●精算人員須通過精算師考試。 ●簽證精算師與商品簽署人員需取得精算師資格並符合訓練與經驗要求。

流程別	部門人員	所需具備資格
財務會計	●財務會計部門職員	●熟悉壽險業會計制度與行政作業。 ●主管具有會計師相關證照並符合經驗與訓練要求。
投資	●投資部門職員	●熟悉壽險業投資規範與投資專業。 ●投資簽署人具有投資相關證照並符合經驗與訓練要求。

八、壽險會計之基本架構雖與一般企業會計相同，惟由於壽險業務經營之特殊性質，會計方面亦有其特點，試分別從「保險費認列、負債計列、利源分析、會計處理著重穩健、政府監督」等五個面向，說明壽險會計之特質。

參考解答：

壽險業的會計制度與一般產業會計制度差異甚大；壽險業的會計制度需遵循金管會保險局與壽險公會核定的人壽保險業統一會計制度。針對壽險業會計制度與一般公認會計原則之差異比較如下：

項目別	壽險業會計制度	一般公認會計原則
經營假設	●採修正清算價值假設，以公司清算的假設基礎，進行更保守的評價。	●採繼續經營假設，假設公司將會永續經營。
保費收入與費用認列	●採取聯合基礎，平時採現金收付基礎認列收入，期末再以權責發生基礎調整。	●收入實現原則：一般依照權責發生基礎認列收入。

項目別	壽險業會計制度	一般公認會計原則
	●壽險業的成本在支出當年度足額認列，收入則依照該年度已實現收入認列。	●成本與收入配合原則：當期已實現的收入與產生的成本相配合認列。
資產負債評價	●採取修正清算價值假設，更保守的評價資產與負債金額。 ●資產價值僅可認列認許資產。 ●負債金額：需要依照更保守的基礎來提存準備金。 ●壽險公司的負債項目中，佔率最高的項目為各項準備金。	●各項資產負債可依會計原則認列為資產或負債，但需依照會計原則評價。 ●資產依據歷史成本原則認列。
政府監督	●政府從嚴監督與檢查	●受政府監督少

九、美國的恩隆弊案對金融界造成巨大衝擊，眾多投資人的資產及恩隆員工的退休金等金錢上的損失之外，恩隆的崩潰也成為商業倫理的新教材。如果您是一位保險代理人，當一位準客戶詢問您在工作上如何達到善良管理人的標準時，您應如何回應？

參考解答：

保險代理人可透過以下幾個面向，在工作上達到善良管理人的標準：

1. 避免不當銷售：避免隱匿、瞞騙、不當保證與誘導換保等不當銷售方式，以減少客戶糾紛。

2. 詳細解說與叮嚀：確保客戶購買的壽險商品符合其需

求，並針對商品的風險與客戶權益詳細解說。

3. 定期服務與關懷：壽險契約為長期契約，保險代理人與客戶之關係並非僅止於投保時，投保後的契約變更與各項保戶服務的協助與關懷，也是善盡善良管理人的實踐。

4. 強化內部控制、法令遵循與稽核職能：設立專責單位，強化公司整體的內部控制、內部稽核與法令遵循。

十、最近有些外商公司紛紛將台灣的壽險子公司出售，其主要原因為何？請舉例說明壽險公司之併購是否可以改善經營績效？

參考解答：

有些外商公司紛紛將台灣的壽險子公司或分公司出售之主要原因：

1. 金融海嘯衝擊：造成部分外商公司財務壓力。

2. 國際會計準則IFRS實施：壽險業的資產與負債需要依照公平價值或公允價值(Fair Value)評價，壽險業準備金提存壓力攀升頗多，這也是台灣部分外商壽險公司紛紛出走或被本土壽險公司合併之主因之一。

3. 國內投資環境不利：使得壽險公司的國內投資報酬率普遍偏低。

4. 利差損問題嚴重：過去高預定利率保單產生的利差損

問題，仍舊是壽險公司的沉重負擔。

5. 國內市場規模與佔率有限：相較於中國大陸市場，台灣壽險市場規模有限，而且本國壽險公司的市佔率高，外商公司難以匹敵。

十一、壽險公司之併購是否可以改善經營績效？又會有那些潛在危機？

參考解答：

1. 經營績效：壽險公司併購初期，有賴積極整頓與整合改革，否則可能無法達到原先預期的綜效，甚至衝擊公司長期績效。因此併購後，若整合良好，透過結合雙方的優勢與資源，確實可以改善公司的經營績效。

2. 潛在危機：併購案可能反而造成公司整合成本增加、公司經營成本增加、公司資訊系統整合問題、公司內部作業缺失湧現、公司內部人員衝突與制度文化衝突等問題，因而造成公司經營危機增高。

十二、以客為尊的行銷觀念已在人壽保險界受到一致的重視，多數壽險公司也不遺餘力地在建構與推展此一理念，請以滿足你的客戶之立場來嘗試架構一個客戶關係管理中心（Customer Relationship Management Center），並說明其詳細職司。

參考解答：

就客戶立場而言，客戶通常期望壽險公司能夠提供單一窗口之多元服務並提供多元化服務管道，因此為滿足客戶需求，可以架構一個客戶關係管理中心，分項說明該單位與其職司如下：

1. 櫃台行政與客服行政科：提供單一窗口多元服務

    (1)客戶臨櫃辦理事務或委由業務人員代辦事務時，應該可以同時辦理契約、保服、保費、理賠與申訴等各項業務，不需多次分別臨櫃辦理並填寫各種保單，這樣才能節省客戶時間或節省業務人員時間，並能快速完成客戶服務，提升客戶滿意度。

    (2)客戶申訴案件，應該及時處理與訂立標準作業流程，並可透過櫃台完成，避免客戶四處申訴抱怨。

2. 客服企劃科：提供多元化服務管道

    (1)民眾工作家庭忙碌，針對部分保戶服務項目，可以改採電話服務、網路服務與郵寄服務，而不需客戶親臨辦理，也不需業務人員親自辦理。

    (2)針對保單貸款，可提供限額內ATM或電話語音貸款；另外可考慮開放電話或網路投保旅行平安險等服務，以利客戶多元貸款需求或投保需求。

    (3)針對保戶續期保費繳納與理賠申請流程與文件，網站應有口語化說明，另外客服人員與業務人員應能夠及時提供補充與說明。

    (4)客戶服務相關表單建議於網站揭露與指引，便於民

眾自行下載。

3. 其他職司：行銷優惠活動提醒、客戶滿意度調查、客戶申訴調查與記錄、保單文件流程規劃與管理等。

十三、說明保險代理人的定義及分類方式？

參考解答：

1. 依據保險代理人管理規則，保險代理人執業型態可區分如下：

   (1) 個人執業代理人，指以個人名義執行保險代理業務之人。

   (2) 代理人公司，指以公司組織經營保險代理業務之公司。

   (3) 銀行兼保險代理業務，例如成立銀行保代部。

2. 依據保險代理人管理規則，保險代理人可依照經營的險種，區分為財產代理人及人身代理人。

3. 銀行向主管機關申請兼營保險代理業務，應設置專責部門經營業務，且其營業及會計必須獨立。

十四、依據財團法人保險事業發展中心所公告之「保險市場重要指標」，2014 年人身保險業資金運用總額約為新臺幣16.6 兆。請說明過去的三年（2012 年～2014 年）中，壽險公司在銀行存款、有價證券及國外投資等項目之資金運用，占全部資金之比率的消長情形，並說

明導致如此消長情形的主要原因為何？

參考解答：

比較103年與101度之資金運用項目配置比率數據，可以發現以下變化以及原因：

1. 國外投資佔率顯著增長：主因為外幣傳統保單的熱賣以及國外投資管道相對健全與投資報酬高。

2. 國內有價證券投資佔率呈現顯著下滑：主因為國外投資佔率增長之排擠效果以及國內有價證券投資相對投資報酬不足且風險偏高，導致資金外流。

3. 存款佔率呈現微幅降低。

資金運用項目	103年佔率	101年佔率
國外投資	**57.41%**	**40.94%**
有價證券	26.29%	38.44%
放款與保單貸款	8.05%	9.07%
不動產	6.32%	5.24%
銀行存款	1.65%	5.81%
其他	0.28%	0.5%

第八章 壽險公司與代理人監理規範概要
第一節 壽險公司監理概要

　　台灣對於壽險公司的監理採取實體監督方式(許可制)，從設立的許可、人事、商品、精算、財務投資、業務經營、資本要求、風險管理以及清算退場，皆有明確的監理措施。壽險公司經營除了需要依循保險法、管理辦法、規則準則、示範條款、解釋函令與自律規範外，金管會檢查局也定期派員進行財務業務檢查，並要求公司的稽核部門與法令遵循部門，定期將稽核報告或法令遵循文件，呈送主管機關審閱。

　　另一方面，保險法規也要求業者提供財務業務報表、商品送審文件、風險管理文件、年度檢查報表與精算報告，供主管機關審閱。由此可知，金管會透過多元化的監理方式，以確保壽險公司穩健經營，並維護保戶權益與社會大眾權益。摘列保險法規關於壽險公司之監理要點如下：

一、公司設立方面

1. 辦妥公司設立登記、繳存保證金與領得營業執照。
2. 繳存保證金於國庫：保險業應按實收資本總額百分之十五，繳存保證金於國庫。
3. 最低資本：設立壽險公司(總公司)最低資本額新台幣二十億。
4. 主管資格要求與公司組織規範：董監事、總經理與專

業經理人皆須符合法令要求，另外公司組織架構也須符合規範。

二、業務經營方面

1. 商品面監理規範：壽險業的保險單條款、保險費及相關資料，應依主管機關頒佈之規範辦理，規範頗多，摘列部分規範如下：

    (1) 保險公司送審保險商品前應由總經理或經其授權主管及合格簽署人員簽署確認。合格簽署人員包括核保人員、理賠人員、精算人員、法務人員、保全人員、投資人員等。相關簽署人員每年須受訓一定時數，以確保商品設計品質。

    (2) 加強事後追蹤管理及強化抽查機制。

    (3) 訂定保險業辦理資訊公開管理辦法與投資型保險資訊揭露應遵循事項等規範，以強化壽險公司對攸關保戶權益事項之充分揭露，落實對消費者權益之保障。

    (4) 頒佈「保險商品銷售前程序作業準則」、「新型態人身保險商品認定標準」與「人身保險商品審查應注意事項」，規定各類型商品設計或商品送審應注意事項。

2. 業務招攬的限制：營業範圍的限制、業務招攬的限制、教育訓練之要求、金融消費者保護法規範、資訊

安全與個人資料保護法規範、資訊揭露的要求、壽險業與產險業不得相互兼營等。單就壽險業務員管理規則，可摘錄部分規範如下：

(1)業務員所屬公司對業務員之招攬行為應訂定獎懲辦法，並報各所屬商業同業公會備查。

(2)業務員經授權從事保險招攬之行為，視為該所屬公司授權範圍之行為，所屬公司對其登錄之業務員應嚴加管理並就其業務員招攬行為所生之損害依法負連帶責任。

(3)不得對要保人、被保險人或第三人以誇大不實之宣傳、廣告或其他不當之方法為招攬。

(4)不得以威脅、利誘、隱匿、欺騙等不當之方法或不實之說明慫恿要保人終止有效契約而投保新契約致使要保人受損害。

(5)不得以誇大不實之方式就不同保險契約內容，或與銀行存款及其他金融商品作不當之比較。

(6)不得挪用款項或代要保人保管保單及印鑑。

三、財務經營方面

1. 資金運用規範：符合資金運用的項目與比率限制。
2. 資本適足性要求：風險資本比率(RBC比率)需要高於200%。
3. 安定基金提撥。

4. 依規定提存各種準備金並適用保險業會計制度。

5. 配合定期實施財務業務檢查並定期彙報財務業務報表。

6. 董監事與專業經理人負無限清償責任。

7. 保險業之組織為股份有限公司者，除其他法律另有規定或經主管機關許可外，其股票應辦理公開發行。

8. 落實公司治理、風險管理、內部控制、內部稽核與自行查核之規範。

9. 壽險業違反法令、章程或有礙健全經營之虞或因業務或財務顯著惡化，不能支付其債務，或無法履行契約責任或有損及被保險人權益之虞時，主管機關得視情況或依情節之輕重，採取以下監理措施：

(1)糾正或命其限期改善。

(2)限制其營業或資金運用範圍。

(3)命其停售保險商品或限制其保險商品之開辦。

(4)命其增資。

(5)命其解除經理人或職員之職務。

(6)撤銷法定會議之決議。

(7)解除董監事職務或停止其於一定期間內執行職務。

(8)監管。

(9)接管。

(10)勒令停業清理。

(11)命令解散。

(12)其他必要之處置。

第二節 壽險代理公司監理概要

　　台灣對於壽險代理公司的監理，也採取實體監督方式或許可制，從設立的許可、人事、招攬、組織、財務與業務經營以及清算退場，都有詳細的監理措施，分項摘錄要點如下：

一、公司設立方面

1. 辦妥公司設立登記、繳存保證金、投保責任保險與領得營業執照。
2. 最低資本：新台幣500萬。
3. 主管資格與公司組織要求：董監事、總經理與經理人皆須符合法令要求。
4. 代理人經主管機關許可登記後，應加入代理人商業同業公會。

二、業務經營方面

　　包含營業範圍的限制、業務招攬的限制、教育訓練之要求、金融消費者保護法規範、資訊安全與個人資料保護法規範、資訊揭露的要求、壽險代理公司與產險代理公司不得相互兼營等。

1. 業務招攬方面：單就保險代理人管理規則與業務員管

理規則中涉及業務招攬部分，可摘錄部分規範如下：

(1)代理人同時具備財產保險及人身保險代理人資格者，除經主管機關核准外，僅得擇一申領財產保險或人身保險代理人執業證書。

(2)代理人於經營或執行業務時，應盡善良管理人之注意，確保已向要保人就所代理銷售之保險商品主要內容與重要權利義務，善盡專業之說明及充分揭露相關資訊，確保其作業程序及內容已遵循相關法令規定，並於有關文件簽署及留存建檔備供查閱。

(3)代理人應按其代理契約或授權書所載之範圍，保存招攬、收費或簽單、批改、理賠等文件副本。

(4)代理人受保險業之授權代收保險費者，應保存收費紀錄及收據影本。應保存各項文件之期限最少為五年。

(5)代理人不得為保險業代理經營未經主管機關核准之保險業務。

(6)代理人不得故意隱匿保險契約之重要事項。

(7)代理人不得利用職務或業務上之便利或以其他不正當手段，強迫、引誘或限制要保人、被保險人或保險人締約之自由或向其索取額外報酬或其他利益。

(8)代理人不得以誇大不實、引人錯誤之宣傳、廣告或其他不當之方法執行業務或招聘人員。

(9)代理人不得以不當之手段慫恿保戶退保、轉保或貸

款等行為。

(10)代理人不得挪用或侵占保險費或保險金。

(11)代理人不得本人未執行業務，而以執業證照供他人使用。

(12)代理人不得有侵占、詐欺、背信、偽造文書行為受刑之宣告。

(13)代理人不得經營或執行執業證照所載範圍以外之保險業務。

(14)代理人不得向保險人索取不合理之代理費、報酬或為不合營業常規之交易。

(15)代理人不得以不法之方式使保險人為不當之保險給付。

(16)代理人不得散播不實言論或文宣擾亂金融秩序。

(17)代理人不得授權第三人代為執行業務，或以他人名義執行業務。

(18)代理人不得將非所僱用之代理人或非所屬登錄之業務員招攬之要保文件轉報保險人或將所招攬之要保文件轉由其他經紀人或代理人交付保險人。

(19)代理人不得聘用未完成保險業務員登錄程序者為其招攬保險業務。

(20)代理人不得擅自停業、復業、解散。

(21)代理人不得將佣酬支付予非實際招攬之保險業務員。

(22)代理人不得未確認金融消費者對保險商品之適合
度。

(23)代理人不得銷售未經主管機關許可之國外保單貼
現受益權憑證商品。

(24)業務員所屬公司對業務員之招攬行為應訂定獎懲
辦法，並報各所屬商業同業公會備查。

(25)業務員經授權從事保險招攬之行為，視為該所屬
公司授權範圍之行為，所屬公司對其登錄之業務員
應嚴加管理並就其業務員招攬行為所生之損害依法
負連帶責任。

2. 實施簽署人制度

代理人於經營或執行業務時，應盡善良管理人之注
意，確保已向要保人就所代理銷售之保險商品主要內
容與重要權利義務，善盡專業之說明及充分揭露相關
資訊，確保其作業程序及內容已遵循相關法令規定，
並於有關文件簽署及留存建檔備供查閱。相關簽署文
件包含如下：

(1)要保書。

(2)契約內容變更申請書。

(3)瞭解要保人及被保險人之需求及其適合度分析評估
報告書。

(4)終止契約申請書。

(5)其他執行業務之文件。

(6)代理人如經授權代收保費或辦理核保、理賠或其他
保險業務時，應在執行業務有關各項文件簽署。

3. 落實法令遵循之規範

代理人公司應擬具法令遵循手冊，並設置法令遵循人
員，負責法令遵循制度之規劃、管理及執行，並定期
向董事會與監察人報告。法令遵循手冊，其內容至少
應包括以下幾項：

(1)各項業務應採行之法令遵循程序。

(2)各項業務應遵循之法令規章。

(3)違反法令規章之處理程序。

另外，法令遵循人員不得兼任內部稽核人員。法令遵
循人員之委任、解任或調職，應以主管機關指定之方
式申報，且建檔留存確認文件及紀錄。

4. 落實內部控制與稽核制度

(1)保險代理人公司年度營業收入達0.5億元，應建立
內部控制與招攬處理制度及程序；超過1億應另建
立稽核制度。內部控制、稽核制度與招攬處理制度
及程序，指管理階層所設計，董事會通過，並由董
事會、管理階層及其他員工執行之管理過程，其目
的在於促進公司之健全經營，以合理確保達成下列
目標：

(a) 營運之效果及效率。

(b) 各項交易均經適當之授權。

(c) 提升從事保險招攬業務人員技能，公平對待消費者，並以明確公平合理方法招攬業務。

(d) 代收或代繳要保人之保險費與相關費用受到安全保障。

(e) 相關法令之遵循。

(2) 保險代理人公司違反規定，未建立或未確實執行內部控制、稽核制度、招攬處理制度或程序者，處新臺幣十萬元以上三百萬元以下罰鍰。

三、財務經營方面

1. 定期彙報財務業務報表：代理人應專設帳簿，記載業務收支，並於主管機關規定之期限內，將各類業務及財務報表，彙報主管機關或其指定之機構。

2. 配合定期實施財務業務檢查。

3. 保險代理人違反法令或有礙健全經營之虞，主管機關可視情節之輕重，採取以下措施：

(1) 糾正或命其限期改善。

(2) 限制其經營或執行業務之範圍。

(3) 命公司解除經理人或職員之職務。

(4) 解除公司董事、監察人職務或停止其於一定期間內執行職務。

(5) 其他必要之處置。

四、銀行兼營保險代理業務規範摘要

1. 銀行向主管機關申請兼營保險代理業務，應設置專責部門經營業務，且其營業及會計必須獨立。

2. 銀行應指撥新臺幣三千萬元以上作為營運資金，且須專款經營，不得流用於非保險代理業務。

3. 銀行兼營保險代理業務，應依下列規定辦理：

   (1)應於營業場所顯著明確標示辦理保險代理業務。

   (2)應表明並使消費者瞭解保險代理業務與銀行業務之區別。

   (3)設立或指定相關部門，負責處理因兼營保險代理業務所衍生之爭議案件。

   (4)應向客戶明確揭露保險商品之性質及風險。

   (5)其他主管機關規定應遵行之事項。

4. 銀行不得利用客戶之存款資料進行誤導或不當行銷方式勸誘、推介與客戶風險屬性不相符之保險商品，亦不得僅以定期存款與保險商品間之報酬率為差異比較，而忽略各類商品之風險特性及產品屬性，或未就報酬與風險為衡平對稱之揭露等情事。

第三節 壽險業資金運用概要

一、壽險業資金運用規範概要

壽險公司監理制度包含範圍廣泛，資金運用之監理是重要一環。尤其隨著壽險業資產逐年累積，利差獲利對於

壽險業的利潤貢獻影響甚鉅。然而，壽險公司資金運用必須兼顧安全性、獲利性與流動性，否則將危及經營安全。

壽險業可運用資金包含業主權益與各項準備金，法令對於壽險業資金運用之限制，包含資金運用項目與比率等諸多限制，歸納撰寫相關規範重點如後。

1. 資金運用項目之限制：存款、有價證券(債券、股票、基金與票券等)、不動產、放款、辦理經主管機關核准之專案運用及公共投資、國外投資、投資保險相關事業、衍生性商品交易，以及其他經主管機關核准之資金運用等。另外，主管機關另訂有標的種類、信用評等或公司規模之要求，以避免投資風險過高。例如：限制保險業得投資的公司債為擔保公司債，或經評等機構評定為相當等級以上之公司所發行之公司債或限制保險業的放款以具有擔保者為限等。

2. 資金運用比率或金額限制：例如購買每一公司之股票或公司債總額，分別不得超過該保險業資金及該發行公司實收資本額之特定比率。分項摘列資金運用規範要點如下：

表8-1 保險法資金運用規範摘要

資金運用項目	限制
存款	● **存放於每一金融機構之金額**≦10% ×資金
有價證券	● 總額≦資金× 35% ● 公債、國庫券、金融債券、銀行保證商業本票等總額≦資金× 35% ● **個別股票或公司債：** 　≦資金 × 5%；≦公司資本額× 10% ● **個別總額共同基金：** 　≦資金 × 10%；≦基金發行總額 × 10% ● **證券化商品與其他總額**≦資金 × 10%
放款	● 總額限制≦資金 × 35% ● 個別限制≦資金 × 5% ● 允許承作之放款：銀行或保證機構提供之保證放款、動產或不動產擔保放款、保單放款與有價證券質押放款
不動產	● 不動產投資以即時利用並有收益為限，投資總額≦30% ● 自用不動產總額不得超過業主權益
國外投資	● 投資總額≦資金 × 45% ● 外幣傳統保單經主管機關核准，可不計入國外投資額度 ● 可投資於外匯存款、國外有價證券、外幣保單放款、設立或投資保險相關事業、衍生性金融商品、國外不動產及其他。
投資保險相關事業	● 投資總額：不得超過業主權益
專案運用、公共投資與社福事業投資	● 辦理專案運用、公共及社會福利事業投資
從事衍生性商品交易	● 從事衍生性金融商品交易
其他	投資型保險商品專設帳簿之管理、保存與運用，不受146條相關規範限制。

參考資料來源：廖勇誠(2014)。

二、壽險業國外投資之項目及規定概要

依照保險業辦理國外投資管理辦法，可摘列壽險業國外投資之項目及規定如下：

(1) 外匯存款：每一銀行存款 ≦ 可運用資金之3%。

(2) 國外有價證券：國外債券、國外證券市場之股權、基金或債券憑證。

(3) 外幣放款。

(4) 衍生性金融商品。

(5) 國外不動產：保險業對國外及大陸地區不動產之投資，以投資時已合法利用並產生利用效益者為限。

(6) 設立或投資國外保險公司、保險代理人公司、保險經紀人公司或其他經主管機關核准之保險相關事業。

(7) 經行政院核定為配合政府經濟發展政策之經建計畫重大投資案。

(8) 其他經主管機關核准之資金運用項目。

第四節 準備金規範概要

一、壽險業準備金種類

保險法第11條指出，本法所稱各種準備金，包含責任準備金、未滿期保費準備金、特別準備金及賠款準備金。另外保險法第144條指出，保險業應聘用精算人員並指派其

中一人為簽證精算人員，負責保險費率之釐訂、責任準備金之核算簽證及辦理其他經主管機關指定之事項；其資格條件、簽證內容、教育訓練、懲處及其他應遵行事項之管理辦法，由主管機關定之。上述二條文可謂準備金提存之主要法源。

二、壽險業各種準備金提存規範概要

依據保險業各種準備金提存辦法與人身保險業經營投資型保險業務應提存之各種準備金規範，可摘列各種準備金項目與要點如下：

表8-2

準備金種類	摘要
壽險責任準備金	<ul><li>壽險公司針對預收保費與儲蓄保費部分，提列壽險責任準備金，以因應未來保險給付。</li><li>保險期間超過一年之險種需提列壽險責任準備金，如：養老壽險，終身壽險及年金保險。</li><li>純保險費較二十年繳費終身保險為大者，採二十年繳費終身保險修正制，否則採一年定期修正制。</li><li>生存保險、人壽保險附有按一定期間（不含滿期）給付之生存保險金部分及年金保險最低責任準備金之提存，以採用平衡準備金制為原則。</li><li>保險期間超過一年之健康保險最低責任準備金之提存，採用一年定期修正制。</li><li>萬能壽險：依照保單價值準備金提存。</li><li>投資型壽險：依照保單帳戶價值提存。</li><li>傳統型年金保險或遞延年金給付期間之最低責任準備金提存，採取平衡準備金制提存。</li><li>利率變動型遞延年金保險累積期間責任準備金提存，以年金保單價值準備金全額提存。變額遞延年金保險累積期間責任準備金提存，以保單帳戶價值全額提存。</li></ul>
未滿期保費準備金	<ul><li>人身保險業對於保險期間一年以下尚未屆滿之有效契約，應依據各險未到期之危險計算未滿期保費，並按險別提存未滿期保費準備金。</li></ul>

準備金種類	摘要
特別準備金	● 適用險種：保險期間低於一年之險種，例如：團體保險與傷害險等皆須提列。 ● 重大事故特別準備金：指為因應未來發生重大事故所需支應之巨額賠款而提存之準備金。各險別應依主管機關所定之重大事故特別準備金比率提存。[45] ● 危險變動特別準備金：指為因應各該險別損失率或賠款異常變動而提存之準備金。各險之實際賠款扣除該險以重大事故特別準備金沖減後之餘額低於預期賠款時，人身保險業應就其差額部分之百分之十五提存危險變動特別準備金。各險之實際賠款扣除該險以重大事故特別準備金沖減後之餘額超過預期賠款時，其超過部分，得就已提存之危險變動特別準備金沖減之。
賠款準備金	● 人身保險業對於保險期間超過一年之人壽保險、健康保險及年金保險業務已報未付保險賠款，應逐案依實際相關資料估算，按險別提存賠款準備金，並於次年度決算時收回，再按當年度實際決算資料提存之。 ● 傷害保險、健康保險或一年期人壽保險，應按險別依其過去理賠經驗及費用，以符合精算原理原則之方法計算賠款準備金，並就已報未付及未報保險賠款提存，其中已報未付保險賠款，應逐案依實際相關資料估算，按險別提存。
保費不足特別準備金	● 針對長年期壽險、健康險及年金保險商品，若壽險公司銷售該商品所釐訂之保險費，低於計算責任準備金之保險費時，除必須提列修正制責任準備金外，尚需提列保費不足特別準備金。
外匯價格變動準備金	● 人身保險業對所持有之國外投資資產，應於負債項下提存外匯價格變動準備金。
負債適足準備金	● 保險業對於國際財務報導準則規定需進行負債適足性測試之合約，應以每一資產負債表日之現時資訊估計其未來現金流量，就已認列保險負債進行適足性測試，如測試結果有不足情形，應將其不足金額提列為負債適足準備金。

---

45 重大事故指符合政府發佈重大災情，單一事故發生時，個別公司累計各險別自留賠款合計達新臺幣三千萬元，且全體人身保險業各險別合計應賠款總金額達新臺幣十億元以上者。

第五節 考題解析

壹、選擇題

一、人身保險業對於保險期間一年以下之保險自留業務提存之準備金中，為因應各該險別損失率或賠款異常變動而提存之準備金為：

A.重大事故特別準備金

B.危險變動特別準備金

C.賠款準備金

D.保費不足準備金

參考解答：B

二、人身保險商品的責任準備金（Liability Reserve）在保險公司的會計性質上，屬於保險公司的何種性質？

A.負債

B.資產

C.業主權益

D.未實現收益

參考解答：A

三、生存保險、人壽保險附一定期間（不含滿期）給付生存保險金部分及年金保險，應採用何種責任準備金提存方式？

A.終身保險修正制

B.一年定期修正制

C.平衡準備金制

D.未滿期保費準備金制

參考解答：C

四、依據「保險業務員管理規則」第15 條的規定，保險業務員從事保險招攬之行為，不包括下列何者？

A.解釋保險商品內容及保單條款

B.說明填寫要保書注意事項

C.收取保險費

D.轉送要保文件及保險單

參考解答：D

五、保險業為維持有效之內部控制制度運作，內部控制之目標應配合採行下列那些措施？

①內部稽核制度

②法令遵循制度

③自行查核制度

④會計師查核制度

⑤風險控管機制

A.①②③④⑤

B.僅①②③④

C.僅②③④⑤

D.僅①③④⑤

參考解答：A

六、下列何種制度之目的，在於協助董（理）事會及管
理階層查核及評估內部控制制度是否有效運作，並適時
提供改進建議，以確保內部控制制度得以持續有效實施
及作為檢討修正內部控制制度之依據？

A.會計師查核制度

B.風險控管機制

C.自行查核制度

D.內部稽核制度

參考解答：D

七、有關危險選擇與風險分類之敘述，下列何者正確？

A.低風險群與高風險群支付同樣的保費，可能造成高風
　險群補貼低風險群的情形

B.道德危險是指風險較高的消費者會比風險較低的消費者
　購買更多保險

C.社會保險不分類高風險群與低風險群，反而是增加分類
　成本的作法

D.核保分類後，由於保費反應出風險程度，故可鼓勵消費
　者降低風險

參考解答：D

八、壽險公司將標準危險訂為100%，然後按被保險人各種有利、不利因素（如遺傳疾病、身高體重等），依計點手冊評定得出彙計的點數，以作為核保依據，稱為：

A.削額給付法

B.數理查定制度

C.生存調查報告

D.次標準體核保

參考解答：B

九、有關人身保險的核保功能，下列敘述何者錯誤？

A.防止逆選擇之影響

B.促進危險公平負擔

C.維持保險團體的健全發展

D.降低保險費負擔

參考解答：D

十、陳女士欲購買A 公司的定期壽險保單，核保人員依所提供之文件審核，以評定被保險人是屬於標準體或次標準體或優良體或拒保。核保結果顯示陳女士之損失可能性比平均稍高，此訊息表示陳女士的危險是：

A.優良體

B.標準體

C.次標準體

D.拒保

參考解答：C

十一、劉三申請購買富樂壽險公司的終身壽險保單，核保人員依所提供之文件審核，以評定可能之被保險人是屬於標準體（standard）、次標準體（substandard）、優良體（preferred）或拒保。劉三在核保之條件下被認為其損失可能性較平均還低，此資訊顯示劉三的危險（risk）是：

A.標準體

B.次標準體

C.優良體

D.拒保

參考解答：C

貳、問答題或簡答題：

一、說明壽險公司外來資金的主要來源及用途；又為滿足其用途，壽險公司需如何進行財務上的準備以配合保險法的相關規定？

參考解答：

　1. 壽險業外來資金之主要來源為各項準備金，包含壽險

責任準備金、未滿期保費準備金、賠款準備金與特別準備金等，各項準備金也各有其提存目的、來源與用途，就主要項目可列表說明如下：

準備金種類	摘要
壽險責任準備金	●壽險公司針對預收保費與儲蓄保費部分，提列壽險責任準備金，以因應未來保險給付。 ●保險期間超過一年之險種需提列壽險責任準備金，如：養老壽險，終身壽險及年金保險。 ●純保險費較二十年繳費終身保險為大者，採二十年繳費終身保險修正制，否則採一年定期修正制。 ●生存保險、人壽保險附有按一定期間（不含滿期）給付之生存保險金部分及年金保險最低責任準備金之提存，以採用平衡準備金制為原則。 ●保險期間超過一年之健康保險最低責任準備金之提存，採用一年定期修正制。 ●萬能壽險：依照保單價值準備金提存。 ●投資型壽險：依照保單帳戶價值提存。 ●傳統型年金保險或遞延年金給付期間之最低責任準備金提存，採取平衡準備金制提存。 ●利率變動型遞延年金保險累積期間責任準備金提存，以年金保單價值準備金全額提存。變額遞延年金保險累積期間責任準備金提存，以保單帳戶價值全額提存。
未滿期保費準備金	●人身保險業對於保險期間一年以下尚未屆滿之有效契約，應依據各險未到期之危險計算未滿期保費，並按險別提存未滿期保費準備金。
特別準備金	●適用險種：保險期間低於一年之險種，例如：團體保險與傷害險等皆須提列。 ●重大事故特別準備金：指為因應未來發生重大事故所需支應之巨額賠款而提存之準備金。各險別應依主管機關所定之重大事故特別準備金比率提存。 ●危險變動特別準備金：指為因應各該險別損失率或賠款異常變動而提存之準備金。

準備金種類	摘要
賠款準備金	● 人身保險業對於保險期間超過一年之人壽保險、健康保險及年金保險業務已報未付保險賠款，應逐案依實際相關資料估算，按險別提存賠款準備金，並於次年度決算時收回，再按當年度實際決算資料提存之。 ● 傷害保險、健康保險或一年期人壽保險，應按險別依其過去賠款經驗及費用，以符合精算原理原則之方法計算賠款準備金，並就已報未付及未報保險賠款提存，其中已報未付保險賠款，應逐案依實際相關資料估算，按險別提存。
保費不足特別準備金	● 針對長年期壽險、健康險及年金保險商品，若壽險公司銷售該商品所釐訂之保險費，低於計算責任準備金之保險費時，除必須提列修正制責任準備金外，尚需提列保費不足特別準備金。
外匯價格變動準備金	● 人身保險業對所持有之國外投資資產，應於負債項下提存外匯價格變動準備金。
負債適足準備金	● 保險業對於國際財務報導準則規定需進行負債適足性測試之合約，應以每一資產負債表日之現時資訊估計其未來現金流量，就已認列保險負債進行適足性測試，如測試結果有不足情形，應將其不足金額提列為負債適足準備金。

2. 壽險公司應依照人身保險業責任準備金提存規定提存，以避免提存不足。另外針對解約、部分解約或提領、減額繳清、展期保險、給付滿期保險金、給付各項身故或生存保險金，壽險公司需配合於帳面上調整或沖轉準備金提撥之金額，以符合經營實況。

二、說明目前國內壽險公司主要資金來源為何？於我國保險法中亦規範壽險公司資金的運用可辦理國外投資，

試依現行保險業辦理國外投資管理辦法，說明可投資的項目及規定。

參考解答：

1. 壽險公司主要資金來源包含業主權益與各項準備金，其中業主權益屬於自有資金，各項準備金則屬於外來資金。

2. 依照保險業辦理國外投資管理辦法，可摘列壽險業國外投資之項目及規定如下：

   (1) 外匯存款：每一銀行存款≦可運用資金之3%。

   (2) 國外有價證券：國外債券、國外證券市場之股權、基金或債券憑證。

   (3) 外幣放款。

   (4) 衍生性金融商品。

   (5) 國外不動產：保險業對國外及大陸地區不動產之投資，以投資時已合法利用並產生利用效益者為限。

   (6) 設立或投資國外保險公司、保險代理人公司、保險經紀人公司或其他經主管機關核准之保險相關事業。

   (7) 經行政院核定為配合政府經濟發展政策之經建計畫重大投資案。

   (8) 其他經主管機關核准之資金運用項目。

三、試從保險法法理，敘述保戶的權益在壽險公司發生

經營不善倒閉時,如何獲得保障?

參考解答:

1. 壽險業違反法令、章程或有礙健全經營之虞或因業務或財務顯著惡化,不能支付其債務,或無法履行契約責任或有損及被保險人權益之虞時,主管機關得視情況或依情節之輕重,採取以下監理措施:

    (1)糾正或命其限期改善。

    (2)限制其營業或資金運用範圍。

    (3)命其停售保險商品或限制其保險商品之開辦。

    (4)命其增資。

    (5)命其解除經理人或職員之職務。

    (6)撤銷法定會議之決議。

    (7)解除董監事職務或停止其於一定期間內執行職務。

    (8)監管。

    (9)接管。

    (10)勒令停業清理。

    (11)命令解散。

    (12)其他必要之處置。

2. 壽險公司經營不善時,保戶擁有之其他保障:

    (1)帳列資產、準備金與自有資金之補償。

    (2)安定基金保障。

    (3)董監事與專業經理人負無限清償責任。

四、由於保險具有高度之公共性，所以各國保險業之經營必須受政府保險監理官之監督管理，同樣地我國主管機關為確保壽險公司經營的正常運作，也對其從事保險經營活動有何規範？請說明之。

參考解答：

1. 公司設立方面

    (1)辦妥公司設立登記、繳存保證金與領得營業執照。

    (2)繳存保證金於國庫：保險業應按實收資本總額百分之十五，繳存保證金於國庫。

    (3)最低資本：設立壽險公司(總公司)最低資本額新台幣20億。

    (4)主管資格要求與公司組織規範：董監事、總經理與專業經理人皆須符合法令要求，另外公司組織架構也須符合規範。

2. 業務經營方面

    (1)商品面監理規範：壽險業的保險單條款、保險費及相關資料，應依主管機關頒定之規範辦理。例如：頒佈「保險商品銷售前程序作業準則」、「新型態人身保險商品認定標準」與「人身保險商品審查應注意事項」，規定各類型商品設計或商品送審應注意事項。

    (2)業務招攬的限制：包含營業範圍的限制、業務招攬的限制、教育訓練之要求、金融消費者保護法規

範、資訊安全與個人資料保護法規範、資訊揭露的
要求、壽險業與產險業不得相互兼營等。

3. 財務經營方面

(1)資金運用規範：符合資金運用的項目與比率限制。

(2)資本適足性要求：風險資本比率(RBC比率)需要高
於200%。

(3)安定基金提撥。

(4)依規定提存各種準備金並適用保險業會計制度。

(5)配合定期實施財務業務檢查並定期彙報財務業務報
表。

(6)董監事與專業經理人負無限清償責任。

(7)落實公司治理、風險管理、內部控制與稽核之規
範。

(8)壽險業違反法令、章程或有礙健全經營之虞或因業
務或財務顯著惡化，不能支付其債務，或無法履行
契約責任或有損及被保險人權益之虞時，主管機關
得視情況或依情節之輕重，採取以下監理措施：

(a) 糾正或命其限期改善。

(b) 限制其營業或資金運用範圍。

(c) 命其停售保險商品或限制其保險商品之開辦。

(d) 命其增資。

(e) 命其解除經理人或職員之職務。

(f) 撤銷法定會議之決議。

(g) 解除董監事職務或停止其於一定期間內執行職務。

(h) 監管。

(i) 接管。

(j) 勒令停業清理。

(k) 命令解散。

(l) 其他必要之處置。

五、壽險公司與保險消費者之間存在著高度不對稱，請說明保險消費者或保險經代人員如何得知壽險公司的經營優劣，以決定是否與其往來或要求適當之風險貼水（Risk Premium）？

參考解答：

保險消費者或保險經代人員可以透過以下方式，得知壽險公司的經營優劣：

1. 壽險公司資訊公開專區查詢：依照人身保險業辦理資訊公開辦法，各壽險公司都必須依照規範內容定期揭露公司資訊，可讓消費者或保險經代人員進一步了解壽險公司概況。

2. 主管機關、保險事業發展中心與壽險公會網頁公開資訊查詢：透過主管機關、保險事業發展中心與壽險公會網頁公開資訊的瀏覽或查詢，也可以了解特定壽險公司是否有被主管機關糾正或懲處以及查閱壽險公司

的財務業務概況與商品資訊。

3. 0800服務中心查詢或臨櫃詢問：透過公司客服中心詢問或臨櫃詢問，進一步了解公司保單資訊與保戶權益。

六、近年來國內外保險業的併購蔚成風潮，成為國人關注焦點，然而併購案成功之關鍵在於是否有事前周密的規劃，請問保險業併購過程中應考慮因素為何？試申論之。

參考解答：

保險業併購過程中應在各併購環節，考量併購條件、可行性、綜效與整合等面向，方能成功地完成併購作業，分項列述如下：

1. 併購對象之評估：先行對於被併購對象進行公司概況、財務業務評估與股價評估，並預估合併後可能的綜效、問題與風險。另外，應留意被併購對象相關的重要經營指標與財務業務數據，以便進一步評估可行性。

2. 併購條件洽談協調：經評估後可行，則針對被併購對象之併購條件，諸如：價格、比例或金額、問題與疑點，進行洽談協調。

3. 併購對象之實質審查：併購條件可以接受後，併購公司需針對被併購公司之內部待確認或待釐清事項，進

一步評估與審查，以便更進一步確認與了解該公司之內部財務業務與契約狀況。

4. 申請主管機關核准：併購定案後，雙方將向主管機關填送核准文件，並議定併購核准日與各項資產之移轉細節。

5. 擬訂併購後整合計畫並執行：併購後有賴積極整頓與整合、改革，才能發揮綜效。因此公司應擬訂併購後整合計畫並執行與調整各項整合計畫，以確保併購案能夠成功。

七、在我國若以公司組織名義執行保險代理人業務者，說明有關其簽署人、最低資本額之規定及法令遵循人員應辦理的事項。

參考解答：

台灣對於壽險代理人公司的監理，有關其簽署人、最低資本額之規定及法令遵循人員應辦理的事項，摘列如下：

1. 公司設立方面：

(1)辦妥公司設立登記、繳存保證金、投保責任保險與領得營業執照。

(2)最低資本：新台幣500萬。

(3)主管資格與公司組織要求：董監事、總經理與經理人皆須符合法令要求。

(4)代理人經主管機關許可登記後，應加入代理人商業

同業公會。

2. 簽署人制度方面：

　　代理人於經營或執行業務時，應盡善良管理人之注意，確保已向要保人就所代理銷售之保險商品主要內容與重要權利義務，善盡專業之說明及充分揭露相關資訊，確保其作業程序及內容已遵循相關法令規定，並於有關文件簽署及留存建檔備供查閱。相關簽署文件包含如下：

(1) 要保書。

(2) 契約內容變更申請書。

(3) 瞭解要保人及被保險人之需求及其適合度分析評估報告書。

(4) 終止契約申請書。

(5) 其他執行業務之文件。

(6) 代理人如經授權代收保費或辦理核保、理賠或其他保險業務時，應在執行業務有關各項文件簽署。

3. 法令遵循規範方面：

　　代理人公司應擬具法令遵循手冊，並設置法令遵循人員，負責法令遵循制度之規劃、管理及執行，並定期向董事會與監察人報告。法令遵循手冊，其內容至少應包括以下幾項：

(1) 各項業務應採行之法令遵循程序。

(2) 各項業務應遵循之法令規章。

(3)違反法令規章之處理程序。

另外，法令遵循人員不得兼任內部稽核人員。法令遵循人員之委任、解任或調職，應以主管機關指定之方式申報，且建檔留存確認文件及紀錄。

八、「自我風險與清償能力評估」（Own Risk and Solvency Assessment）係未來保險監理的重點項目之一，請說明何謂「自我風險與清償能力評估」及其主要內容。

參考解答：

1. 自我風險與清償能力評估其實是建立於現行保險業風險管理實務守則的架構之下，屬於風險管理制度的一環。自我風險與清償能力評估主要目的為落實保險業風險管理實務之資本適足性評估，以加強資本管理，並協助保險業發展自我風險及清償能力評估機制。

2. 依據保險業風險管理實務守則，保險業應考量本身業務之風險性質、規模及複雜程度，發展適合其組織架構與風險管理系統的ORSA流程，並採取適當的技術進行公司整體清償能力之評估。

3. 摘錄主要內容如下：

(1)董事會及高階主管應對ORSA負責，高階主管應積極參與ORSA的建置、執行及檢核相關結果的適切性。

(2))針對執行ORSA流程各環節及其相關結果，保險
業應有相關文件紀錄。

(3)保險業應每年至少執行一次ORSA評估，完成
ORSA監理報告提報至風險管理委員會及董事
會，並於所約定時程內呈報至主管機關或其指定機
構。

(4)ORSA相關報告：涵蓋執行結果摘要、經營目標和
投資業務計畫、風險胃納、風險概廓、風險辨識與
曝險狀況、壓力測試、資本需求、資本適足性、風
險回應與監控、風險治理等各環節。

第九章 壽險公司RBC制度與風險管理概要
第一節 壽險業RBC制度概要
一、保險法關於資本適足比率(RBC比率)之規定

保險法第一百四十三條之四

保險業自有資本與風險資本之比率，不得低於百分之二百；必要時，主管機關得參照國際標準調整比率。

保險業自有資本與風險資本之比率未達前項規定之比率者，不得分配盈餘，主管機關並得視其情節輕重為其他必要之處置或限制。

前二項所定自有資本與風險資本之範圍、計算方法、管理、必要處置或限制之方式及其他應遵行事項之辦法，由主管機關定之。

二、RBC比率之定義與計算基礎

依據保險業資本適足性管理辦法與壽險業RBC比率填報資訊，摘列如下：

1. RBC比率＝（自有資本／風險資本）×100%

2. 自有資本愈高，RBC比率愈高。

3. 風險資本＝Σ各資金運用標的、資產與產品×風險係數。風險係數與K值，主管機關定期檢視與調整。風險係數愈低，風險資本愈低。風險係數數值介於0~1之間，例如：銀行存款的風險係數為0、債券型基金的風險係數為0.081、K=0.5。風險資本計算公式如

下：

$$風險資本 = K \times \left(C_0 + C_4 + \sqrt{(C_{1O} + C_3)^2 + C_{1C}^2 + C_{1S}^2 + C_2^2} \right)$$

4. 自有資本：指保險業依法令規定經主管機關認許之資本總額；其範圍包括經認許之業主權益與其他依主管機關規定之調整項目。

5. 風險資本：依照保險業實際經營所承受之風險程度，計算而得之資本總額。就壽險公司來說，其範圍包括下列風險項目：資產風險、保險風險、利率風險與其他風險。

6. 實務上壽險業計算風險資本時，需要分別針對以下各項風險進行評估計算：

C_0：資產風險—關係人風險

C_1：資產風險—非關係人風險

C_{1o}：資產風險—除股票及匯率以外之資產風險

C_{1C}：資產風險—非關係人匯率風險

C_{1S}：資產風險—非關係人股票風險

C_2：保險風險

C_3：利率風險

C_4：其他風險

7. 風險的定義：[46]

(1) 資產風險：指資產價值在某段期間因價格變動，導

致資產可能發生損失之風險。

(2) 保險風險：指經營保險本業於收取保險費後，承擔被保險人移轉之風險，依約給付理賠款及相關費用時，因非預期之變化造成損失之風險。

(3) 利率風險：利率波動導致投資工具價格波動的風險。

(4) 其他風險：指資產風險、保險風險與利率風險以外之其他風險。

三、RBC比率偏低之監理措施

(一)保險業資本適足率等級之劃分如下：

1. 資本適足：保險業資本適足率達200%。

2. 資本不足：保險業資本適足率在150%以上，未達200%。

3. 資本顯著不足：保險業資本適足率在50%以上，未達150%。

4. 資本嚴重不足：保險業資本適足率低於50%或保險業淨值低於零。

(二)資本不足者(150%~199%)：

1. 限期提出增資、其他財務或業務改善計畫。

2. 停售保險商品或限制保險商品之開辦。

---

46 參酌與修訂自保險業風險管理實務守則與謝劍平 (2012)。

3. 限制資金運用範圍。

4. 限制其對負責人有酬勞、紅利、認股權憑證或其他類似性質之給付。

5. 其他必要之處置。

(三)資本顯著不足者(50%~150%)：

1. 資本不足者之各項措施。

2. 解除其負責人職務。

3. 停止其負責人於一定期間內執行職務。

4. 令取得或處分特定資產，應先經主管機關核准。

5. 令處分特定資產。

6. 限制或禁止與利害關係人之授信或其他交易。

7. 令其對負責人之報酬酌予降低。

8. 限制增設或令限期裁撤分支機構或部門。

9. 其他必要之處置。

(四)資本嚴重不足者(<50%)：

1. 資本顯著不足者之各項措施。

2. 負責人未依主管機關規定期限完成增資、財務或業務改善計畫或合併者，應自期限屆滿之次日起九十日內，為接管、勒令停業清理或命令解散之處分。

四、RBC比率資訊揭露

1. 依據保險業資本適足率資訊揭露應注意事項，各壽險

公司應定期向主管機關申報年度及半年度資本適足率。

2. 依據人身保險業辦理資訊公開管理辦法，各壽險公司應定期揭露最近一年之年度及半年度資本適足率，並依照資本適足率等級揭露。資本適足率等級包含以下等級：

　　(1)「百分之三百以上」

　　(2)「百分之二百五十以上，未達百分之三百」

　　(3)「百分之二百以上，未達百分之二百五十」

　　(4)「百分之一百五十以上，未達百分之二百」

　　(5)「未達百分之一百五十」

3. 依據人身保險業辦理資訊公開管理辦法，資本適足率資訊公開之更新週期與備註文字如下：

　　(1)資訊公開之更新週期：每半年度終了後二個月內、每年度終了後三個月內。

　　(2)各壽險公司在資訊公開專區揭露資本適足率時，應加註以下文字：「資本適足率係監理保險公司清償能力之多種衡量指標之一，尚非保險公司財務健全與否之唯一指標。」

五、壽險公司RBC比率之差異化監理措施

　　RBC比率雖非監理壽險公司清償能力的唯一指標，但卻是最重要的關鍵指標。為落實差異化監理，主管機關對

於許多業務經營或財務經營方面，針對RBC比率符合標準之壽險公司，可經營特定業務或適用較寬鬆規範。列舉三例補充如下：

1. 人身保險業申請辦理外幣傳統保單業務，應符合許多資格條件，其中之一即為最近一年自有資本與風險資本之比率(RBC比率)，達200%以上。
2. 壽險業提高國外投資額度之資格限制：
   (1)提高國外投資總額超過35%之資格要求，其中之一包含最近一期RBC比率高於250%。
   (2)提高國外投資總額超過40%之資格要求，其中之一包含最近三年RBC比率高於250%。
3. 壽險業申請經營保險金信託業務應符合之資格條件中，其中之一包含：最近一年RBC比率達200%以上。

第二節 國際財務報導準則IFRS與歐洲Solvency II 監理規範概要[47]

一、國際會計準則概要

民國91年至105年以來，台灣對於保險業清償能力的

---

47 參洪燦楠 (2008)，壽險季刊；陳淑娟 (2008)，Solvency II 實施對壽險業經營之影響；張士傑 (2007)，風險與保險；證券暨期貨市場發展基金會 (2014 年搜尋)，IFRS 認識國際會計準則宣導手冊，金管會證期局網站，IFRS 專區；金管會 (2012)，保險業財務報告編製準則。

監理指標，主要透過風險資本比率(RBC比率)衡量。然而，因應保險業實施國際會計準則或國際財務報導準則(IFRSs, International Financial Reporting Standards)，監理方向可能參考歐洲的Solvency II的監理規範。基本上，國際會計準則主要基於公平價值或公允價值(fair value)衡量資產及負債之價值，並考量各項風險後，進一步評估所需的風險資本。[48]依據證券暨期貨市場發展基金會編製之IFRS認識國際會計準則宣導手冊資訊，摘列國際會計準則之重要特點如下：

1. IFRS強調經濟實質的忠實表述，採用原則基礎。
2. IFRS採用公允價值法或公平價值法(fair value)評價。
3. IFRS增加資訊揭露的深度與廣度。
4. IFRS加強資產負債表外項目的會計處理及揭露。
5. IFRS之財務報表主體轉為合併財務報表。
6. IFRS並非只是會計準則，而是適用範圍更廣的財務報導準則。

二、歐洲Solvency II監理規範概要

---

48 各國保險業已陸續實施國際財務報導準則(IFRSs, International Financial Reporting Standards)，壽險業實施IFRS制度後，壽險業的資產與負債皆需要依照公平價值或公允價值(Fair Value)評價，壽險業準備金提存壓力也增高，這也是台灣部分外商壽險公司紛紛出走或被本土壽險公司合併之主因之一。

依據歐洲Solvency II之監理要求，可區分為三大項目：

1. 資本適足要求：
   (1)所有資產與負債都以公平價值法評價。
   (2)公司的清償資本(Solvency Capital)為公司資產減除負債後餘額。
   (3)需評估公司所需的清償資本(Solvency Capital Required)。
2. 監理程序要求：落實公司治理、企業風險管理制度、內部控制與稽核制度。
3. 資訊揭露要求：財務業務報表揭露與風險揭露制度等。

三、RBC比率與Solvency II監理規範之比較

RBC比率強調壽險公司資產高於負債之資本適足要求。Solvency II則更廣泛的強調壽險公司隨時都需要具備清償所有負債的能力，因此壽險業不僅需要資本適足，還需要落實企業風險管理與資訊揭露制度。摘要列表如下說明：

表9-1

項目	RBC制度	Solvency II
多風險因素模型	是	是
強調資產配置、資本配置與業務組合的搭配	是	是

項目	RBC制度	Solvency II
資本要求	●依照給定公式與風險係數，評估風險資本	●依照資產扣除負債後的金額計算公司的清償資本 ●公司可採用標準化模型或核准的公司內部模型評估資本要求
面臨風險的呈現	●難以完整呈現公司面臨的可能風險	●較能反映公司面臨的可能風險
規範方向	●強調公司經營所需要的資本額	●強調資本適足、落實企業風險管理制度與資訊揭露

資料來源：參閱與修訂自陳淑娟(2008)；張士傑(2007)

第三節 壽險業風險管理制度概要

一、風險的衡量指標[49]

1. 標準差(Standard Deviation)：用以衡量總風險的高低，標準差愈高，代表報酬率的波動程度或變異程度愈大；因此標準差愈大，實際的投資報酬率可能偏離預期報酬率愈多。

2. 貝他係數(β)：投資風險可區分為系統風險與非系統風險。其中系統風險又稱為市場風險，無法透過持有多元化投資標的而分散風險或降低風險。貝他係數(β)可以衡量市場風險，它代表著市場報酬率變化時，特定投資標的投資報酬率變化的幅度。貝他係數

---

49 參謝劍平 (2012)，投資學基本原理與實務，P106~116 與 P362

愈高，代表投資標的之市場風險愈高。

3. 風險值 (Value at Risk, VaR)：風險值為一個絕對損失金額概念，透過風險值可以在一定期間內及特定信賴區間下，計算可能產生之可能損失金額，以便衡量市場下跌的波動風險。[50]

小叮嚀：
本節內容純屬作者補充，並非特考91~105年考試範圍。

4. 存續期間(Duration) [51]：存續期間是未來所有現金流量的加權平均到期期間，可用來衡量固定收益標的價格對利率變動的敏感度。

二、壽險公司經營的可能風險與可採行之風險管理方法[52]

1. 市場風險：

(1)指資產價值在某段期間因市場價格變動，導致資產可能發生損失之風險。

(2)風險管理機制：壽險業應針對涉及市場風險之資產部位，訂定適當之市場風險管理機制，並落實執行，諸如敏感性分析與壓力測試。

---

50 就投資人而言，上漲的波動風險或可能性，反而是投資者的潛在獲利機會；下跌的波動風險才是投資者真正的損失風險。
51 參謝劍平 (2012)，P.362
52 摘錄自保險業風險管理實務作業準則內容

2. 信用風險：

(1)指債務人信用遭降級或無法清償、交易對手無法或拒絕履行義務之風險。

(2)風險管理機制：壽險業應針對涉及信用風險之資產部位，訂定適當之信用風險管理機制，並落實執行，諸如交易前後之信用風險管理與信用分級限額管理。

3. 流動性風險

(1)包含資金流動性風險及市場流動性風險。資金流動性風險指無法將資產變現或取得足夠資金，以致不能履行到期責任之風險。市場流動性風險指由於市場深度不足或失序，處理或抵銷所持部位時面臨市價顯著變動之風險。

(2)資金流動性風險管理機制：壽險業應依業務特性評估與監控短期現金流量需求，並訂定資金流動性風險管理機制，以因應未來之資金調度，諸如現金流量模型管理。

(3)市場流動性風險管理機制：壽險業應考量市場交易量與其所持部位之相稱性。對於巨額交易部位對市場價格造成重大影響，應謹慎管理。

4. 作業風險

(1)指因內部作業流程、人員及系統之不當或失誤，或因外部事件造成之直接或間接損失之風險。

(2)風險管理機制：適當之權責劃分、保留交易軌跡、強化法令遵循與危機處理等。

5. 保險風險

(1)指經營保險本業於收取保險費後，承擔被保險人移轉之風險，依約給付理賠款及相關費用時，因非預期之變化造成損失之風險。

(2)風險管理機制：壽險業對於商品設計及定價、核保、再保險、巨災、理賠及準備金相關風險等，應訂定適當之管理機制，並落實執行。諸如壽險業執行利潤測試與敏感度分析等定價管理模式。

6. 資產負債配合風險

(1)指資產和負債價值變動不一致所致之風險，壽險業應根據所銷售之保險負債風險屬性及複雜程度，訂定適當之資產負債管理機制，使保險業在可承受之範圍內，形成、執行、監控和修正資產和負債相關策略，以達成公司預定之財務目標。

(2)風險管理機制：存續期間分析、風險值、現金流量管理、隨機情境分析與壓力測試。

7. 其他風險

三、商品設計及定價風險衡量與管理方法[53]

---

53 摘錄與修訂自保險業風險管理實務作業準則內容

　　壽險業進行商品設計及定價風險衡量時，可參酌之衡量與管理方法，可摘要列舉如下：

1. 利潤測試

   (1)執行利潤測試時，應依據商品類型及特性，配合公司之經營策略，訂定可接受之利潤目標，藉以檢驗或調整商品之設計及定價風險。

   (2)對於利潤測試過程中所採用之各項精算假設，除須與商品內容一致外，亦應有相關之精算理論或實際經驗為依據，其訂定之過程及採用之方法須符合一般公認之精算原則。

   (3)利潤測試指標

   　一般所採用之各種利潤衡量指標，可包括以下各項：

   　(a) 淨利（損）貼現值對保費貼現值之比率（Premium Profit Margin）

   　(b) 新契約盈餘侵蝕（New Business Strain）

   　(c) ROA（Return on Asset）

   　(d) 損益兩平期間（Break Even Year）

   　(e) ROE（Return on Equity）

   　(f) IRR（Internal Rate of Return）

   　(g) 其他：保費、佣金、準備金、利潤。

2. 敏感度分析：壽險業可對個別風險因子進行敏感度分析，以利風險評估。敏感度測試可包括：投資報酬

率、死亡率、理賠率、預定危險發生率、脫退率及費用率等精算假設；壽險業應針對敏感度較高之風險因子，應作進一步分析。

3. 資產配置計畫：壽險業精算人員應與投資人員就商品特性進行溝通後，並依其專業評估而制定，對於可能發生之不利情勢，應制定適當之應變方案。

4. 風險移轉計畫：採取移轉之方式，將全部或部分之風險轉移，例如：安排合約再保險。

5. 精算假設：費率釐訂所採用之精算假設可視情況加計適當之安全係數。

6. 經驗追蹤：商品銷售後可定期分析各項精算假設、進行利潤測試或經驗損失率分析，藉以檢驗或調整商品內容與費率釐訂。

四、壽險業資產負債配合風險衡量與管理方法[54]

資產負債配合風險指資產和負債價值變動不一致所致之風險。壽險業應根據所銷售之保險負債風險屬性及複雜程度，訂定適當之資產負債管理機制，使保險業在可承受之範圍內，形成、執行、監控和修正資產和負債相關策略，以達成公司預定之財務目標。摘列資產負債配合風險之衡量方法或管理方法如下：

---

54 摘錄與修訂自保險業風險管理實務作業準則內容

1. 存續期間(Duration)[55]：存續期間是未來所有現金流量的加權平均到期期間，可用來衡量固定收益標的價格對利率變動的敏感度。

2. 風險值(VaR,Value at Risk)：風險值是指是一個絕對損失金額概念，透過風險值可以在一定期間內及特定信賴區間下，計算可能產生之可能損失金額。

3. 資金流動比率(Liquidity Ratio)：資金流動比率即流動資產與流動負債之比值，用以衡量對即將到期債務的償債能力。投資策略通常會將資金流動比率納入考量，同時也會依不同時期的資金需求估計其安全邊際。

4. 現金流量管理(Cash Flow Management)：現金流量管理係透過現金流量相關分析工具建立資產與負債之現金流量的管理制度，以確保企業生存與正常營運的能力。

5. 確定情境分析(Deterministic Scenario Testing)
為了衡量未來流量的不確定性，資產負債管理可以透過某些特定情境來評估影響程度。這些特定情境通常可分為歷史情境法和假設情境法，其中歷史情境分析為過去所發生之風險事件；假設情境分析則是指自行假設未來可能發生情境，但尚未發生之風險事件，用

---

55 參謝劍平 (2012)，P.362

以評估對於資產負債價值的可能損益波動風險與資產負債無法配合風險。

6. 隨機情境分析(Stochastic Scenario Testing)：為了衡量未來現金流量的不確定性，資產負債管理亦可以透過設定許多不同的假設，依據各種參數設定以模型來模擬許多情境的隨機情境分析方式來評估影響程度，模擬次數通常在1,000次以上。

7. 壓力測試(Stress Testing)：壓力測試是金融機構用以衡量劇烈風險事件發生，所導致的潛在損失的一種重要方法，特別是指事件發生的概率很低，可能這個事件在未來會發生，也可能在歷史上已經發生過。其主要目的為彙整公司整體部位在極端事件發生時可能的損失，也可以作為測試資本適足程度的一種方法，壓力測試可以透過歷史情境分析或假設情境分析法進一步估算。[56]

五、風險管理制度的關鍵成功因素探討

如何成功落實風險管理制度，可分項列述如下：

1. 設立專屬風險管理組織並設置適當人員：包含風險管

---

56 依據保險業風險管理實務作業準則，歷史情境法係指利用過去某一段時間，市場曾經發生劇烈變動之情境，評估其對目前資產組合所產生潛在之損益影響。假設情境法係執行壓力測試者自行假設可能之各種情境，評估其對目前資產組合所產生潛在之損益影響。

理委員會、風控長與風險管理經理；並於各單位增設風險管理人員。

2. 全公司各層級分工合作：高階、中階與基層職員，協力推動風險管理制度。

3. 建置完善風險管理資訊系統，以提供即時與E化的風險管理資訊。

4. 實施定期風險分級呈報通報制度。

5. 實施風險限額管理與額外風險管理。

6. 落實風險調整後績效管理制度。

7. 落實風險治理、內部控制、稽核、法令遵循、自行查核、職務代理人與分層負責制度。

8. 明確將風險管理納入SOP與資訊作業系統內。

第四節 保險業內部控制與內部稽核制度概要

一、保險業內部控制制度概要

為促進保險業之健全經營，保險法明訂壽險公司應建立內部控制制度，而且主管機關另頒佈保險業內部控制及稽核制度實施辦法。摘列內部控制制度要點如下：

1. 保險業內部控制制度之目標：

內部控制制度，指管理階層所設計，董事會通過，並由董事會、管理階層及其他員工執行之管理過程，其目的在於促進保險業之健全經營，以合理確保達成下

列目標：

(1)保險業之營運係以謹慎之態度，依據董事會所制定之政策及策略進行。

(2)各項交易均經適當之授權。

(3)資產受到安全保障。

(4)財務與其他紀錄提供完整、正確、可供驗證，暨及時之資訊。

(5)管理階層能辨識、評估、管理，及控制營運之風險，並保有適足之資本以因應風險。

(6)相關法令之遵循。

2. 保險業之內部控制制度，至少應包括下列各項原則：

(1)管理階層之監督及控制文化；董事會應負責核准並定期覆核整體經營策略與重大政策，董事會對於確保建立並維持適當有效之內部控制制度負有最終之責任。

(2)風險辨識與評估：有效之內部控制制度須可辨識並持續評估所有對保險業目標之達成可能產生負面影響之重大風險。

(3)控制活動與職務分工：有效之內部控制制度應有適當之職務分工，且管理階層及員工不應擔任責任相互衝突之工作。

(4)資訊與溝通：應保有適切完整之財務、營運及遵循資訊；另應建立有效之溝通管道。

(5)監督活動與更正缺失：應予持續監督營業單位、內部稽核或其他內控人員發現之內部控制缺失，並應即時向適當層級報告。

3. 保險業之內部控制制度，應配合以下措施：

(1)內部稽核制度：設置稽核單位，負責查核各單位，並定期評估營業單位自行查核辦理績效。

(2)法令遵循制度：由法令遵循主管依總機構所定之法令遵循計畫，適切檢測各業務經辦人員執行業務是否確實遵循相關法令。

(3)自行查核制度：由各業務、財務及資訊單位成員相互查核業務實際執行情形，並由各單位指派主管或相當職級以上人員負責督導執行，以便及早發現經營缺失並適時予以改正。

(4)會計師查核制度：由會計師於辦理保險業年度查核簽證時，查核保險業內部控制制度之有效性，並對其申報主管機關報表資料正確性、內部控制制度及法令遵循制度執行情形表示意見。

(5)風險控管機制：應建立獨立有效風險管理機制，以評估及監督其風險承擔能力、已承受風險現況、決定風險因應策略及風險管理程序遵循情形。

二、保險業內部稽核制度概要

為促進保險業之健全經營，完善的內部稽核組織實屬

要務，保險業除應建立完善的公司治理、內部控制制度與法令遵循制度外，透過稽核單位的獨立稽查，有助於發現缺失與改進缺失。依規定公司稽核單位應直屬董事會，而且應依照法規，定期執行稽核事務。參酌保險業內部控制及稽核制度實施辦法，摘列內部稽核制要點如下：

1. 內部稽核的目的：在於協助董事會及管理階層查核及評估內部控制制度是否有效運作，並適時提供改進建議，以確保內部控制制度得以持續有效實施及作為檢討修正內部控制制度之依據。

2. 保險業內部稽核制度規範概要

    (1) 保險業應規劃內部稽核之組織、編制與職掌，並編撰內部稽核工作手冊，其內容至少應包括下列事項：

    (a) 年度稽核計畫之作業流程。

    (b) 對內部控制制度進行查核、評估，以衡量現行政策、程序之有效性、遵循程度，及其對各項營運活動之影響。

    (c) 釐訂稽核項目、時間、程序及方法。

    (d) 內部稽核報告之格式內容、處理及保存。

    (2) 保險業應先督促各單位辦理自行查核，再由內部稽核單位覆核各單位之自行查核報告，併同內部稽核單位所發現之內部控制缺失及異常事項改善情形，以作為董事會、總經理、總稽核及法令遵循主管評

　估整體內部控制制度有效性及出具內部控制制度聲明書之依據。

(3)內部稽核單位對財務、業務、資訊及其他管理單位每年至少應辦理一次一般查核，並依實際需要辦理專案查核；對國外分支機構（含辦事處）之查核方式得以表報稽核替代或彈性調整實地查核頻率。內部稽核單位應將法令遵循制度之執行情形，併入對業務及管理單位之一般查核或專案查核辦理。

(4)內部稽核報告、工作底稿及相關資料應至少保存五年。

(5)內部稽核單位對主管機關、會計師、內部稽核單位（含金融控股公司內部稽核單位）與自行查核所提列之檢查意見或查核缺失事項及內部控制制度聲明書所列應加強改善事項，應持續追蹤覆查，並將其追蹤考核改善辦理情形，以書面提報董事會及交付各監察人或審計委員會查閱，並應列為對各單位獎懲及績效考核之重要項目。

(6)內部稽核報告應交付各監察人或審計委員會查閱，並於查核結束日起二個月內函送主管機關。

(7)保險業應於每年十二月底將次一年度稽核計畫及每年二月底前將上一年度之年度稽核計畫執行情形，依規定格式以網際網路資訊系統申報主管機關備查。

(8)保險業應於每年五月底前將上一年度內部稽核所見內部控制制度缺失及異常事項改善情形，依規定格式以網際網路資訊系統申報主管機關備查。

3. 保險業自行查核制度規範概要

(1)為加強保險業內部牽制藉以防止弊端之發生，保險業應建立自行查核制度。財務、業務及資訊單位每年至少應辦理一次定期自行查核，並依實際需要辦理專案自行查核。

(2)各單位辦理前項之自行查核時，應由該單位主管指派非原經辦人員辦理，並事先保密。

(3)自行查核報告及工作底稿應至少留存五年備查。

(4)保險業應訂定自行查核訓練計畫，依各單位之業務性質對於自行查核人員應持續施以適當查核訓練。

三、保險代理人內部控制稽核與法令遵循制度

1. 落實法令遵循之規範

代理人公司或銀行保險代理部門應擬具法令遵循手冊，並設置法令遵循人員，負責法令遵循制度之規劃、管理及執行，並定期向董事會與監察人報告。法令遵循手冊，其內容至少應包括以下幾項：

(1)各項業務應採行之法令遵循程序。

(2)各項業務應遵循之法令規章。

(3)違反法令規章之處理程序。

另外，法令遵循人員不得兼任內部稽核人員。法令遵循人員之委任、解任或調職，應以主管機關指定之方式申報，且建檔留存確認文件及紀錄。

2. 落實內部控制與稽核制度

(1) 保險代理人公司年度營業收入達0.5億元或銀行保險代理部門，應建立內部控制與招攬處理制度及程序；超過1億應另建立稽核制度。內部控制、稽核制度與招攬處理制度及程序，指管理階層所設計，董事會通過，並由董事會、管理階層及其他員工執行之管理過程，其目的在於促進公司之健全經營，以合理確保達成下列目標：

(a) 營運之效果及效率。

(b) 各項交易均經適當之授權。

(c) 提升從事保險招攬業務人員技能，公平對待消費者，並以明確公平合理方法招攬業務。

(d) 代收或代繳要保人之保險費與相關費用受到安全保障。

(e) 相關法令之遵循。

(2) 保險代理人公司或銀行保險代理部門之內部控制制度，至少應符合下列各項原則：

(a) 管理階層之監督及控制文化：董事會應負責核准並定期覆核整體經營策略與重大政策，且對於確保建立並維持適當有效之內部控制制度負

有最終之責任；管理階層應負責執行董事會核定之經營策略與政策，發展足以辨識、衡量、監督及控制風險之程序，訂定適當之內部控制政策及監督其有效性與適切性。

(b) 風險辨識與評估：有效之內部控制制度須可辨識並持續評估所有對公司目標之達成可能產生負面影響之重大風險。

(c) 控制活動與職務分工：控制活動應是每日整體營運之一部分，應設立完善之控制架構，及訂定各層級之內控程序；有效之內部控制制度應有適當之職務分工，且管理階層及員工不應擔任責任相互衝突之工作。

(d) 資訊與溝通：應保有適切完整之營運、財務報導及法令遵循等目標有關之財務及非財務資訊；資訊應具備可靠性、適時與容易取得之特性，以建立有效之溝通管道。

(e) 監督活動與更正缺失：內部控制整體之有效性應予持續監督，營業單位、內部稽核或其他內控人員發現之內部控制缺失均應即時向適當層級報告，若屬重大之內部控制缺失應向管理階層、董事會及監察人報告，並應立即採取改正措施。

(3) 保險代理人公司內部控制制度應涵蓋所有營運活

動，並應分別按業務性質及規模，依內部牽制原理訂定招攬處理制度及程序與內部控制之作業程序，並適時檢討修訂。

(4) 保險代理人公司為維持有效之內部控制制度運作，達成內部控制之目標，應配合採行下列措施：

    (a) 內部稽核制度：設置稽核人員，負責查核各單位，並定期評估營業單位自行查核辦理績效。

    (b) 自行查核制度：由不同單位成員相互查核內部控制實際執行情形，並由各單位指派主管或相當職級以上人員負責督導執行，以便及早發現經營缺失並適時予以改正。

    (c) 會計師查核制度：年度財務報表依規定或已辦理委由會計師辦理查核簽證者，應委託會計師辦理內部控制制度之查核。

    (d) 法令遵循制度：設置法令遵循人員，負責適切檢測各業務經辦人員執行業務是否確實遵循相關法令。

(5) 保險代理人公司應置適任及適當人數之稽核人員，隸屬於董事會，負責稽核業務，其不得兼任與稽核工作有相互衝突或牽制之職務，並至少每年向公司董事會及監察人報告稽核業務。

(6) 稽核人員對不同管理單位每年至少應辦理一次一般查核，並依實際需要辦理專案查核。稽核人員應將

法令遵循制度之執行情形，併入對業務及管理單位之一般查核或專案查核辦理。

(7) 內部稽核人員對主管機關、會計師、內部稽核人員與自行查核所提列之檢查意見或查核缺失事項及內部控制制度聲明書所列應加強改善事項，應持續追蹤覆查，並將其追蹤考核改善辦理情形，以書面提報管理階層、董事會與監察人查閱，並應列為對各單位獎懲及績效考核之重要項目。內部稽核報告應交付各監察人查閱，並提董事會報告，另於每年會計年度終了後二個月內，將上年度內部稽核所見異常缺失，併同改善辦理情形彙送主管機關。但查核發現重大違規或重大異常事項者，應於查核結束日起一個月內將內部稽核報告函送主管機關。

(8) 保險代理人公司應建立自行查核制度，每年至少應辦理一次定期自行查核，並依實際需要辦理專案自行查核。

(9) 保險代理人公司年度財務報表依規定或已辦理委由會計師辦理查核簽證時，應委託該會計師辦理內部控制制度之查核，並對其申報主管機關報表資料正確性、內部控制制度及法令遵循制度執行情形表示意見。

(10) 保險代理人公司年度財務報表無須會計師辦理查核簽證者，主管機關於必要時得令公司委託會計師

辦理其內部控制制度之專案查核。會計師之查核費用由保險代理人公司與會計師自行議定，並由公司負擔會計師之查核費用。

(11)保險代理人公司委託會計師辦理查核，應於每年四月底前出具上一年度會計師查核報告函報主管機關或其指定機構。主管機關對於查核報告之內容提出詢問時，會計師應詳實提供相關資料與說明。

小叮嚀：
銀行兼營保險代理業務，應比照保險代理人公司，遵循保險代理人管理規則等相關法規。

第五節 考題解析

壹、選擇題

一、關於RBC比率之計算，何者有誤？

A.計算公式為(風險資本/自有資本)

B.最低比率須高於200%

C.自有資本主要為股東權益構成

D.計算風險資本時需考慮資產風險與利率風險

參考解答：A

●RBC比率=(自有資本/風險資本)×100%

二、下列何者屬於我國計算人壽保險公司的風險基礎資

本額（RBC）之風險？

①資產風險

②保險風險

③資產負債配置風險

④核保風險

⑤利率風險

A.①②⑤

B.③④⑤

C.①③④

D.①④⑤

參考解答：A

三、風險基礎資本額（RBC）對壽險業的影響，下列敘述何者錯誤？

A.重視資產負債管理

B.強化及健全核保政策

C.促成產業合併

D.提高海外投資規模

參考解答：D

四、有關一般公認會計原則（GAAP）及法定會計原則（SAP）財務報表，下列敘述何者錯誤？

A.SAP為編製監理機關檢查年報為目的，GAAP為提供一

般投資人與債權人使用

B.SAP為著重表達保險業之清償能力，GAAP為忠實表達企業真實經營狀況

C.風險基礎資本額（RBC）即為在GAAP基礎下所產生

D.SAP評估資產時要求比GAAP更保守，而負債也較GAAP更高標準認列

參考解答：C

五、人身保險之理賠處理，經審核後的決定，下列可能的做法何者正確？①給付保險金 ②退還保單價值準備金 ③拒賠 ④和解

A.僅①②③

B.僅①③④

C.僅②③④

D.①②③④

參考解答：D

六、下列何者不是影響人壽保險需求之因素？

A.國民平均壽命的延長

B.家庭人口結構的改變

C.符合法令規定的需求

D.政府推動國民年金保險

參考解答：D

七、下列何者不是保險商品設計之主要考慮因素？

A.創意

B.同業競爭

C.法令與監理

D.政治情勢

參考解答：D

八、保險業「資本適足率」達嚴重不足時，且未依主管機關規定在期限完成增資、財務或業務改善計畫或合併者，主管機關應自期限屆滿之次日起90日內，裁以何種處分？

①監管

②接管

③勒令停業清理

④命令解散

A.①②③

B.①②④

C.①③④

D.②③④

參考解答：D

九、在人身保險的經營原則中，「各保險單位之損失頻率與損失幅度均相同或近似，藉以符合大數法則危險平

均化」的原則，稱為：

A.危險大量原則

B.危險同質原則

C.危險分散原則

D.危險獨立原則

參考解答：B

十、在保險經營的各式風險中，那一種風險無法在動態財務分析模組中，運用數學量化的方式加以衡量？

A.資產

B.保險

C.利率

D.法律

參考解答：A

十一、為解決保險公司無力清償之保單義務，我國設有財團法人保險安定基金的組織，其對每一位被保險人之所有滿期契約（含主附約）所墊付之總額上限為新臺幣多少元？

A.60 萬

B.100 萬

C.300 萬

D.無上限

參考解答：C

十二、根據「保險業風險管理實務守則」的定義，所謂：「本業於收取保險費後，承擔被保險人移轉之風險，依約給付理賠款及相關費用時，因非預期之變化造成損失之風險。」稱為：

A.保險風險

B.核保風險

C.市場風險

D.再保險風險

參考解答：A

十三、下列何種風險，屬於保險商品銷售後風險管理機制的風險？

A.商品定價風險

B.招攬風險

C.再保險風險

D.準備金風險

參考解答：D

十四、為拓展國外保險市場，我國在民國104 年實施「國際保險業務分公司管理辦法」，依據此一辦法的規定，現行國際保險業務分公司所銷售的保險商品計價幣

別，不得為：

A.人民幣

B.日幣

C.美元

D.新臺幣

參考解答：D

十五、某壽險公司已販售有一張以美元計價的非投資型保險商品，後因應市場需求，再開發第一張以人民幣計價的非投資型保險商品，則該商品須完成何種審查程序才能銷售？

A.核准

B.核備

C.備查

D.不須審查，逕予銷售

參考解答：A

十六、一般用來衡量壽險公司商品結構變動情形的財務結構指標為：

A.速動比率

B.淨利變動比率

C.非認許資產對認許資產比率

D.各種責任準備金淨額對保費收入比率

參考解答：D

十七、為落實金融消費者的權益保護，我國金融監督管理委員會要求各金融服務業應在民國105 年4 月30 日前建立公平待客原則之政策與策略，其中有關「保險契約條款如有疑義時，以作有利於被保險人之解釋為原則。」此一情形，應屬於那一項公平待客原則？

A.訂約公平誠信原則

B.注意與忠實義務原則

C.商品或服務適合度原則

D.申訴保障原則

參考解答：A

十八、現行年度營業收入已達1 億以上（包含1 億）之保險代理人公司，對於要保人投保與死亡有關之主、附約險種，在其填寫要保書日期後第幾個工作日內必須完成即時通報的相關作業？

A. 2日

B. 3日

C. 5日

D. 7日

參考解答：A

十九、有關財務再保險與傳統再保險主要差異的敘述，下列何者正確？

A.均為一年期的再保險合約

B.均能分享原保險人的承保利潤

C.均能改善原保險人的財務結構

D.均按承保風險計算再保險費

參考解答：B

二十、壽險業的資金來源，主要可分為自有資金與外來資金。因此，就保險經營的立場而言，其資金運用最重要的原則為何？

A.安全性

B.收益性

C.多樣性

D.流動性

參考解答：A

貳、問答題或簡答題：

一、保險監理機關在對保險業最低資本額的監理上，有所謂風險基礎資本額（Risk Based Capital，簡稱RBC）。何謂 RBC 制？

參考解答：

1. 保險法關於資本適足比率(RBC比率)之規定摘錄

   保險法第一百四十三條之四

   保險業自有資本與風險資本之比率，不得低於百分之二百；必要時，主管機關得參照國際標準調整比率。

   保險業自有資本與風險資本之比率未達前項規定之比率者，不得分配盈餘，主管機關並得視其情節輕重為其他必要之處置或限制。

2. RBC比率之定義與計算基礎

   依據保險業資本適足性管理辦法與壽險業RBC比率填報資訊，摘列如下：

   (1)RBC比率＝（自有資本／風險資本）×100%

   (2)自有資本愈高，RBC比率愈高。

   (3)自有資本：指保險業依法令規定經主管機關認許之資本總額；其範圍包括經認許之業主權益與其他依主管機關規定之調整項目。

   (4)風險資本：依照保險業實際經營所承受之風險程度，計算而得之資本總額。就壽險公司來說，其範圍包括下列風險項目：資產風險、保險風險、利率

風險與其他風險。

(5)風險資本＝Σ各資金運用標的、資產與產品×風險係數。風險係數愈低，風險資本愈低。風險係數數值介於0~1之間。

(6)風險資本計算公式如下：

$$風險資本 = K \times \left(C_0 + C_4 + \sqrt{(C_{1O} + C_3)^2 + C_{1C}^2 + C_{1S}^2 + C_2^2} \right)$$

二、就壽險公司而言，其衡量的風險有那四種？資產規模大與資產規模小的公司，在面對RBC 制時，其著重之處有何不同？

參考解答：

1. 就壽險公司而言，其衡量的風險有以下四種：

   (1)資產風險：指資產價值在某段期間因價格變動，導致資產可能發生損失之風險。

   (2)保險風險：指經營保險本業於收取保險費後，承擔被保險人移轉之風險，依約給付理賠款及相關費用時，因非預期之變化造成損失之風險。

   (3)利率風險：利率波動導致投資工具價格波動的風險。

   (4)其他風險。

2. 資產規模大與資產規模小的公司，在面對RBC制時，其著重之處有何不同？

   (1)資產規模大者：由於資產規模大，因此各資金運用

標的乘上風險係數後，分母的風險資本金額相對較
高，因此RBC比率因而相對較低。此時風險資本
金額可能因為市場風險、利率風險或信用風險而增
高，使得RBC比率因而不符合法規要求。因此資
產規模大者，面對RBC時，著重於RBC比率的長
期穩定，所以透過適度增加自有資本、資產負債妥
善管理與資產配置調整，以避免公司RBC比率波
動過大，是資產規模大的公司著重之處。

(2)資產規模小的公司：由於資產規模小，分母的風險
資本相對較低，分子的自有資本金額或佔率相對較
高，因此RBC比率較容易符合法規要求，此時業
者面對RBC制時，須留意資產配置勿配置過高比
重在高風險係數的資產標的。因此資產規模小的公
司，面對RBC制時，需要著重資產配置。

三、說明我國壽險業資本適足率的計算方式及其包括之 範圍；如未達規定者，監理機關如何處理？

參考解答：

(一)資本不足者(150%~199%)：

1. 限期提出增資、其他財務或業務改善計畫。

2. 停售保險商品或限制保險商品之開辦。

3. 限制資金運用範圍。

4. 限制其對負責人有酬勞、紅利、認股權憑證或其他類

似性質之給付。

　5. 其他必要之處置。

(二)資本顯著不足者(50%~150%)：

　1. 資本不足者之各項措施。

　2. 解除其負責人職務。

　3. 停止其負責人於一定期間內執行職務。

　4. 令取得或處分特定資產，應先經主管機關核准。

　5. 令處分特定資產。

　6. 限制或禁止與利害關係人之授信或其他交易。

　7. 令其對負責人之報酬酌予降低。

　8. 限制增設或令限期裁撤分支機構或部門。

　9. 其他必要之處置。

(三)資本嚴重不足者(<50%)：

　1. 資本顯著不足者之各項措施。

　2. 負責人未依主管機關規定期限完成增資、財務或業務
　　改善計畫或合併者，應自期限屆滿之次日起九十日
　　內，為接管、勒令停業清理或命令解散之處分。

**四、為促進保險業之健全經營，我國保險法中規範壽險
公司應建立內部控制制度並另訂實施辦法，為能有效達
成內部控制與健全經營的目標，試說明壽險公司內部控
制制度需包括的原則與配合的措施。**

參考解答：

1. 保險業之內部控制制度，至少應包括下列各項原則：
    (1)管理階層之監督及控制文化：管理階層應負責執行董事會核定之經營策略與政策，發展足以辨識、衡量、監督及控制保險業風險之程序，訂定適當之內部控制政策及監督其有效性與適切性。
    (2)風險辨識與評估：有效之內部控制制度須可辨識並持續評估所有對保險業目標之達成可能產生負面影響之重大風險。
    (3)控制活動與職務分工：應設立完善之控制架構，及訂定各層級之內控程序；有效之內部控制制度應有適當之職務分工，且管理階層及員工不應擔任責任相互衝突之工作。
    (4)資訊與溝通：應保有適切完整之財務、營運及遵循資訊並建立有效之溝通管道。
    (5)監督活動與更正缺失：應予持續監督，並針對內部控制缺失即時向適當層級報告。
2. 保險業之內部控制制度，應配合以下措施：
    (1)內部稽核制度
    (2)法令遵循制度
    (3)自行查核制度
    (4)會計師查核制度
    (5)風險控管機制

五、為使壽險業經營穩健及健全發展，故壽險公司依規定需設立內部稽核組織，試說明進行內部稽核的目的。

參考解答：

1. 內部稽核的目的：在於協助董事會及管理階層查核及評估內部控制制度是否有效運作，並適時提供改進建議，以確保內部控制制度得以持續有效實施及作為檢討修正內部控制制度之依據。

2. 壽險業應規劃內部稽核之組織、編制與職掌，並編撰內部稽核工作手冊，其內容至少應包括下列事項：

   (1) 年度稽核計畫之作業流程。

   (2) 對內部控制制度進行查核、評估，以衡量現行政策、程序之有效性、遵循程度，及其對各項營運活動之影響。

   (3) 釐訂稽核項目、時間、程序及方法。

   (4) 內部稽核報告之格式內容、處理及保存。

六、請說明壽險代理人公司應建立的招攬處理制度及程序，需包括那些內容？(作者自編)

參考解答：

壽險代理人公司應建立的招攬處理制度及程序，至少應包括以下內容：

1. 從事保險招攬之業務人員資格、招攬險種、招攬方式、在職訓練、獎懲及權利義務。

2. 從事保險招攬之業務人員酬金與承受風險及支給時間之連結考核，招攬品質、招攬糾紛等之管理。

3. 從事保險招攬之業務人員代收或代繳要保人保險費之作業及管理。

4. 保險商品主要內容與重要權利義務之說明及相關資訊揭露。

5. 廣告、文宣及營業促銷活動及管理。

6. 瞭解並評估要保人或被保險人保險需求及適合度之作業。

7. 招攬後至送件前之檢核機制與簽署作業。

8. 招攬文件之控管與保存。

9. 保戶申訴。

10. 其他經主管機關指定之事項。

七、保險具有高度的射倖性質，容易被有心人士利用做為詐欺犯罪的工具。試列舉五項在保險契約訂立的過程中，疑似保險詐欺的事前（招攬）、事中（核保）及事後（理賠）出現的跡象。

依前述跡象分別說明在招攬、核保及理賠各階段的防制措施有那些？

參考解答：

1. 疑似保險詐欺的事前（招攬）、事中（核保）及事後（理賠）出現的跡象：

(1)年收入低、卻舉債投保高額保單。

(2)投保後，短期多次就醫情況或發生意外事故。

(3)治療方式或治療費用，明顯不符常規。

(4)同時向多家保險公司密集投保高額意外險保單。

(5)罹患重病且積極關心投保是否成功。

2. 招攬、核保及理賠各階段的防制措施：

(1)招攬：招攬人員可透過親晤客戶、了解客戶需求、了解客戶財務狀況與體況等角度，進一步探知疑似保險詐欺情況，並於業務人員報告書中提出說明與可疑跡象。

(2)核保：核保人員透過要求客戶體檢、填具健康告知書、相關問卷或財務報告書、照會詢問可疑問題、生調或電訪等方式，確認可疑跡象是否屬實，若可疑跡象屬實，則可採拒保方式因應。

(3)理賠：針對可疑理賠案件，可透過理賠調查、調閱病歷或就醫紀錄、生存調查或電訪等相關方式處理，若確認存有詐欺情況，則於蒐證後拒賠或減少理賠金額或期間方式因應。

八、我國自邁入高齡化社會以來，65 歲以上老人所占比率持續攀升。試說明當前高齡化社會面臨那些社會問題？如何透過商業保險的規劃來因應這些社會問題？

參考解答：

1. 高齡化社會面臨下列社會問題：
   (1)老年退休金不足問題
   (2)失能失智老人照護問題
   (3)獨居或寡居老人安養問題
   (4)醫療費用攀升風險問題
2. 可透過商業保險的規劃來因應：
   (1)老年退休金不足問題：透過規劃個人傳統年金保險或還本型壽險、利率變動型年金、變額年金或即期年金保險，以因應退休金不足問題。
   (2)失能失智老人照護、獨居或寡居老人安養問題：透過規劃長期照護保險、特定傷病保險或終身醫療保險、實物給付型保險等商業保險商品，以因應老人健康醫療及照護問題。
   (3)醫療費用攀升風險問題：全民健康保險之財務虧損壓力升高，部分負擔項目或不給付項目所造成的民眾負擔也隨之提高，可透過投保一年期醫療及意外醫療保險、定期或終身醫療保險、癌症或重大疾病保險，因應醫療費用攀升風險。

第十章 壽險公司其他實務議題概要

第一節　壽險業資訊公開與經營指標概要

一、壽險業財務業務指標資訊公開概要

依據人身保險業辦理資訊公開管理辦法，壽險業應定期揭露公司業務與財務概況，供社會大眾查閱。摘要列述財務業務指標資訊公開規範如下：

1. 業務概況：

可概分為二類，第一類為保費收入、準備金與市佔率類、第二類為保單平均金額與理賠申訴數據；應記載最近三年度之下列事項：

(1) 市場占有率：以總保費收入對全體人身保險業當年度總保費收入之比率計算，並應另按新契約及有效契約予以區分列示。

(2) 各險別之保費收入及保險給付。

(3) 各險別準備金：包含責任準備、未滿期保費準備、特別準備、賠款準備、保費不足準備、負債適足準備、其他準備、具金融商品性質之保險契約準備及外匯價格變動準備。

(4) 業務員第十三個月定著率。

(5) 人壽保險個人保件新契約平均保險金額。

(6) 人壽保險個人保件有效契約平均保險金額。

(7) 人壽保險個人保件新契約平均保險費。

(8) 人壽保險個人保件有效契約平均保險費。

(9)財團法人金融消費評議中心受理申請評議案件（含理賠及非理賠申請評議件）之申請評議率及平均處理天數。

(10)理賠訴訟件數及其對申請理賠件數之比率。

(11)理賠延遲給付件數及其對理賠總件數之比率。

2. 財務概況：

可概分為二類，第一類為財務報表與重要項目類，第二類為財務指標與財務資訊揭露。應記載最近三年度之下列財務資料：

(1)資金運用表。

(2)資產負債表。

(3)綜合損益表。

(4)權益變動表。

(5)現金流量表。

(6)準備金（包括保險負債、具金融商品性質之保險契約準備及外匯價格變動準備）。

(7)放款總額。

(8)逾期放款。

(9)逾期放款比率。

(10)備抵呆帳金額。

(11)備抵呆帳覆蓋率。

(12)關係人交易明細表。

(13)簽證會計師查核簽證或核閱之財務報告及其意見書。

(14)盈餘分配或虧損撥補之議決。

(15)資產之評估。

(16)各項財務業務指標。

(17)資本適足性之揭露。

二、整體壽險業之經營指標

保險事業發展中心與壽險公會定期公佈的壽險業經營指標可摘列如下：

1. 保險密度
2. 保險滲透度
3. 普及率
4. 投保率
5. 壽險業資產佔金融保險業資產佔率

三、壽險公司重要財務業務績效指標

壽險公司內部重要財務業務績效指標，可摘列部分指標如下：

1. RBC比率(風險資本比率)
2. EPS每股盈餘
3. 稅後淨利
4. 隱含價值EV(Embedded Value)

5. 新契約或初年度保費金額與排名

6. 新契約或初年度等價保費金額與排名

7. 續年度保費金額與排名

8. 總保費金額與排名

9. 總資產金額

10. 投資報酬率

11. 保單平均負債成本

12. 保單繼續率[57]

　(1)契約繼續率可衡量壽險公司業務招攬的品質。

　(2)第13個月件數繼續率：可觀察屆滿第13個月時，原投保保險契約持續有效之件數比率。繼續率愈高，代表保單持續繳費件數高而且保單解約或停效之件數少。

　(3)繼續率依觀察期間通常可分為第13個月、第25個月或第37個月繼續率，而且可以從保單件數、保額或年繳化保費等角度計算。

13. ROA（Return on Asset）

14. ROE（Return on Equity）

15. 淨利貼現值對保費貼現值之比率（Premium Profit

---

57 第 13 個月件數繼續率的詳細公式：分母為該月之新契約件數，需扣除契約撤銷件數、13 個月內的死亡、全殘與解除契約保單件數。分子為分母件數扣除 13 個月內的解約、停效保單件數並加上復效保單件數。第 13 個月件數繼續率 =(分子 / 分母)×100%

Margin）

16. 新契約盈餘侵蝕（New Business Strain）

17. 商品損益兩平期間（Break Even Year）

18. 商品IRR（Internal Rate of Return）

四、保單行政部門之之經營指標

關於壽險公司保單行政部門的重要績效指標，可摘列部分指標如下：

1. 新契約撤銷比率

2. 新契約照會比率

3. 快速發單案件比率

4. 理賠案件平均處理天數

5. 理賠率、損失率

6. 解約率

7. 保單貸款金額與貸款利率

8. 申訴處理時效或申訴率

9. 理賠訴訟案件佔申請理賠件數之比率

10. 客戶滿意度

五、行銷通路相關之經營指標

關於壽險公司行銷通路的重要績效指標，可摘列部分指標如下：

1. 業務人員定著率：第13個月定著率為當期新登錄保險

業務員在第十三個月後仍在職人數與當期新登錄業務員人數之比率。計算公式可概列如下：

業務員第13個月定著率＝當年度新登錄業務員人數迄第13個月仍在職／當年度新登錄業務員人數。

2. 登錄考試及格率：壽險業務員參與各項登錄考試的及格人數與及格率。

3. 實動人數與實動率：實動人數指壽險業務員在統計期間內舉績1件以上的人數。實動率則指實動人數除上當期登錄業務人員人數。另外許多壽險公司對於實動人數之定義並非舉績1件以上，可能調整為舉績(FYP)達一定金額以上或當期初年度佣金(FYC) 達一定金額以上。

4. 通訊處處數與組數

5. 平均產能：通訊處平均產能、各組平均產能或各業務員平均產能。通常產能可以業績、件數或佣金角度統計分析。

6. 單位利潤金額或利潤率：各單位或各通路的獲利金額或平均利潤率。

第二節 保險金信託商品概要[58]

一、信託之當事人及關係人

---

58 參廖勇誠(2014)，輕鬆考證照：外幣保單與保險理財

　　保險金信託藉由信託契約預先規劃保險給付之運用，確保壽險商品的保障及儲蓄投資功能得以持續發揮。信託之當事人及關係人主要包含委託人、受託人及受益人；委託人是原信託財產所有人或權利擁有者；受託人為銀行信託部，即為協助管理財產及處份財產之當事人；信託受益人則為享有信託利益者。

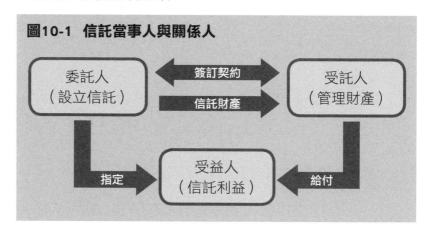

圖10-1　信託當事人與關係人

二、保險金信託之主要涵意

　　保戶投保壽險後預立保險金信託契約，若未來保險事故發生，壽險公司將保險金給付予銀行信託部，由銀行信託部代為管理及運用保險金，並依照信託契約約定，定期給付資金予信託受益人。

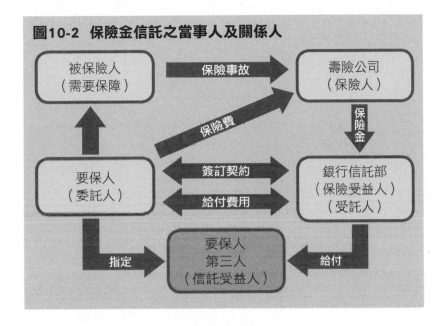

圖10-2　保險金信託之當事人及關係人

三、主要保險金信託商品

　　透過保險契約結合信託契約之安排，不但可以獲得專業安全管理，更可以同時結合保險與信託的部分稅惠。另外，透過信託機制妥善規劃，可以避免遺產特留分之限制。

1. 死亡保險金信託：對於幼童或身心障礙遺族或不善理財的遺族，透過死亡保險金信託，可以預先規劃未來遺族之經濟來源。保戶投保人壽保險或意外保險後，才能簽訂保險金信託契約；但直到保險事故發生，保險金信託契約才真正生效。要保人需要在事前，向壽險公司申請將保險金給付至「XX商業銀行受託信託

財產專戶」，這樣保險事故發生時，保險金才會存入信託帳戶。[59]

2. 生前契約信託：透過殯葬禮儀服務結合死亡保險金信託，預先規劃身後禮儀。

3. 生存保險金或年金信託或滿期金信託：善用每年贈與額度分年贈與，並透過信託機制定期定額專業投資操作。

4. 滿期保險金信託：滿期保險金結合信託機制後，受益人可以定期定額由信託財產領取信託利益，適合不善理財子女或教育留學基金規劃。

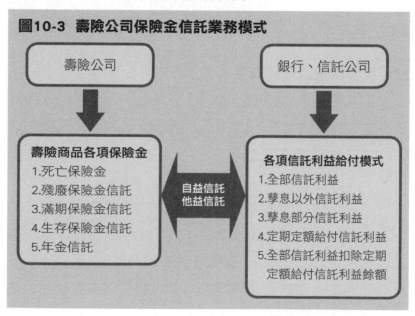

圖10-3 壽險公司保險金信託業務模式

| 壽險公司 | 銀行、信託公司 |

壽險商品各項保險金
1.死亡保險金
2.殘廢保險金信託
3.滿期保險金信託
4.生存保險金信託
5.年金信託

自益信託
他益信託

各項信託利益給付模式
1.全部信託利益
2.孳息以外信託利益
3.孳息部分信託利益
4.定期定額給付信託利益
5.全部信託利益扣除定期
　定額給付信託利益餘額

---

59 廖勇誠 (2014/6)，和樂新聞，保險金信託＝專業管理＋保險保障！

四、壽險公司兼營信託業務規範要點

依據保險法，壽險公司符合資格要求，也可以兼營保險金信託業務，由壽險公司擔任受託人，依照信託契約管理受託財產。另外主管機關也要求壽險業經營保險金信託業務，應經主管機關許可，而且營業及會計必須獨立。開放壽險業經營保險金信託業務之目的與壽險業申請經營保險金信託業務應符合的資格條件如下：

1. 主管機關開放壽險業經營保險金信託業務之目的：為使既有有效契約保戶可以透過保險金結合信託機制，獲得保險保障與信託專業管理運用的服務。

2. 依據保險業經營保險金信託業務審核及管理辦法，壽險業申請經營保險金信託業務應符合的資格條件如下：

   (1)最近一年之自有資本與風險資本之比率(RBC比率)應符合200%。

   (2)最近一年內未有遭主管機關重大裁罰或罰鍰累計達新臺幣三百萬元以上者。但其違法情事已獲具體改善經主管機關認定者，不在此限。

   (3)最近一年內主管機關及其指定機構受理保戶申訴案件申訴率、理賠申訴率及處理天數之綜合評分值為人身保險業由低而高排名前百分之八十。

第三節 金融消費者保護法實施後的申訴與評議概要

一、金融消費者保護法規範摘要

1. 金融消費者保護法於101年度開始實施，制定目的為保護金融消費者權益，公平、合理、有效處理金融消費爭議事件，以增進金融消費者對市場之信心，並促進金融市場之健全發展。

2. 適用的金融產業：銀行業、證券業、期貨業、保險業、電子票證業及其他經主管機關公告之金融服務業，皆需要納入規範。

3. 金融消費者保護法要求壽險業者應遵循以下事項：

    (1) 金融服務業與金融消費者訂立提供金融商品或服務之契約，應本公平合理、平等互惠及誠信原則。

    (2) 金融服務業刊登、播放廣告及進行業務招攬或營業促銷活動時，不得有虛偽、詐欺、隱匿或其他足致他人誤信之情事，並應確保其廣告內容之真實。

    (3) 金融服務業與金融消費者訂立提供金融商品或服務之契約前，應充分瞭解金融消費者之相關資料，以確保該商品或服務對金融消費者之適合度。

    (4) 金融服務業與金融消費者訂立提供金融商品或服務之契約前，應向金融消費者充分說明該金融商品、服務及契約之重要內容，並充分揭露其風險。

二、金融消費者申訴或評議程序

1. 依金融消費者保護法規定，金融保險消費者須先向金融保險業者提出申訴，如不接受金融保險業者的申訴處理結果，或金融保險業者超過30天不為處理者，始得向金融消費評議中心申請評議。

2. 金融保險消費者若同意壽險業者的處理結果，則僅列入申訴案件，而不需納入申請評議案件。

3. 壽險公司主要爭議(理賠方面)：「事故發生原因認定」、「理賠金額認定」、「承保範圍」、「必要性醫療」、「違反告知義務」。

4. 壽險公司主要爭議(非理賠方面)：「業務招攬爭議」、「停效復效爭議」、「未遵循服務規範」。

5. 壽險經紀人與代理人主要爭議(理賠方面)：投保時已患疾病或在妊娠中、不保事項(除外責任)、醫療單據認定、契約效力爭議、條款解釋爭議、違反告知義務。

6. 壽險經紀人與代理人主要爭議(非理賠方面)：業務招攬爭議、未遵循服務規範、非要保人本人親簽、保費交付。

第四節 保險稅負規範與實質課稅原則

依據所得稅法、遺贈稅法、所得稅基本稅額條例以及105年度適用之免稅額與扣除額標準,摘列人身保險課稅規範與稅惠如下:

一、遺產稅重要規範(依據遺產與贈與稅法)

遺產稅按被繼承人死亡時,其遺產總額減除各項扣除額及免稅額後之課稅遺產淨額,課徵百分之十。

1. 約定於被繼承人死亡時,給付其所指定受益人之人壽保險金額、軍、公教人員、勞工或農民保險之保險金額,不計入遺產總額計算。

2. 105年度遺產稅免稅額為1,200萬。

3. 國稅局針對鉅額投保、高齡投保、重病投保、短期密集投保、躉繳投保、舉債投保、保險費相當於保險給付、年金保險與投資型保險等情況,將依照實質課稅原則,將保險給付併入遺產課徵遺產稅。

二、贈與稅重要規範(依據遺產與贈與稅法)

1. 贈與稅按贈與人每年贈與總額減除扣除額及免稅額後之課稅贈與淨額,課徵百分之十。

2. 贈與稅納稅義務人,每年得自贈與總額中減除免稅額220萬元(105年度)。

3. 贈與稅之納稅義務人為贈與人。

4. 被繼承人死亡前二年內贈與配偶及相關繼承人之財

產，應於被繼承人死亡時，視為被繼承人之遺產，併入其遺產總額。

> **小叮嚀：**
> 依據行政院規劃，遺贈稅將提高如下：(參106/1/12各大新聞)
> 1. 遺產稅部分：遺產淨額1億元以上，稅率20%；遺產淨額5,000萬元以上到1億元者，稅率15%；遺產淨額0~5,000萬元者，稅率10%。
> 2. 贈與稅部分：贈與淨額5,000萬元以上，稅率20%；贈與淨額2,500萬元以上到5,000萬元者，稅率15%；贈與淨額0~2,500萬元者，稅率10%。

三、個人綜合所得稅重要規範(依據所得稅法)

1. 納稅義務人、配偶或受扶養直系親屬之人身保險、勞工保險、國民年金保險及軍、公、教保險之保險費，每人每年扣除數額以不超過24,000元為限。但全民健康保險之保險費不受金額限制。(105年度)

2. 人身保險、勞工保險及軍、公、教保險之保險給付，免納所得稅。

四、最低稅負制(依據所得稅基本稅額條例)

1. 個人之基本稅額：基本所得額扣除免稅額後，按百分之二十計算之金額。105年度之免稅額為670萬元。

2. 個人之基本所得額：為依所得稅法規定計算之綜合所得淨額，加計下列各項金額後之合計數：

(1)境外所得：未計入綜合所得總額之非中華民國來源所得，但一申報戶全年之境外所得合計數未達100萬元者，免予計入。

(2)施行後所訂立受益人與要保人非屬同一人之人壽保險及年金保險，受益人受領之保險給付。但死亡給付每一申報戶全年合計數在3,330萬元以下部分，免予計入。

(3)私募證券投資信託基金之受益憑證之交易所得。

(4)依所得稅法或其他法律規定於申報綜合所得稅時減除之非現金捐贈金額。

(5)施行後法律新增之減免綜合所得稅之所得額或扣除額，經財政部公告者。

五、適用實質課稅原則概要

指定受益人之人壽保險身故給付不計入遺產總額，其立法意旨是考量被繼承人需要保障並避免遺族生活陷於困境，因此提供免課徵遺產稅稅惠。但如果個案有鉅額投保、高齡投保、重病投保、短期密集投保、躉繳投保、舉債投保、保險費相當於保險給付之儲蓄保險、年金保險或投資型保險等情況，可能被國稅局依照實質課稅原則，就該保險給付併課遺產稅。

六、團體保險之稅惠

依據營利事業所得稅查核準則，營利事業為員工投保之團體人壽保險、團體健康保險及團體傷害保險，其由營利事業負擔之保險費，以營利事業或被保險員工及其家屬為受益人者，每人每月保險費合計在新臺幣二千元以內部分，免視為被保險員工之薪資所得；超過部分，視為對員工之補助費，應轉列各該被保險員工之薪資所得。

第五節 老年經濟安全制度概要

一、三層制老年經濟安全制度

1. 主要先進國家多以世界銀行所建議的三層制老年經濟安全制度建構老年經濟安全制度，列舉說明如下：

   (1)第一層：公營退休年金制度，主要由政府經營並透過強制參加及保費補貼方式運作，例如國民年金保險與勞工保險年金給付。

   (2)第二層：企業退休年金制度，主要由企業雇主推動之退休金制度，並透過法令要求或稅惠方式運作，例如勞工退休金個人帳戶制或年金保險制。

   (3)第三層：個人退休年金制度，透過稅惠誘導民眾自願規劃退休金或年金，例如：鼓勵民眾透過自行繳納保費投保傳統壽險型年金保險、利率變動型年金保險或變額年金保險。

2. 各層的年金制度中，各有不同的主軸與焦點，各層之

間相輔相成。公營年金部分僅能提供民眾普遍且基本的退休養老生活保障；不足部分有賴企業年金制度與個人年金制度補足。

二、確定提撥制與確定給付制之比較

確定給付制之退休金給付金額標準已預先明確規範，但提撥比率卻是變動的。例如：勞基法老年給付最高給付45個基數，但雇主退休金提撥比率為2~15%；另外勞保年金領取公式為月投保薪資×年資×替代率，也是預先明確規範。

相較之下，確定提撥制的退休金給付金額標準並未明確規範，但定期提撥比率已預先確定。例如：勞工退休金每月由雇主固定提撥薪資的6%，但老年給付金額視帳戶餘額而定，並無保證或承諾，亦無確定的給付公式或給付標準。

表10-1 確定提撥制與確定給付制之比較

項目/險種	確定給付制 DB	確定提撥制 DC
退休金給付	退休金給付標準已預先明確規範	退休金給付標準未預先規範
提撥金額或比率	提撥金額或比率變動	提撥金額或比率確定
投資風險	由雇主或政府承擔	由員工承擔
對雇主的成本	變動	固定
個人帳戶	無個人帳戶	擁有個人帳戶

第六節 考題解析

壹、選擇題

一、富樂壽險公司統計過去一年承保的100萬位旅客中，有1.9萬人發生事故，其中有6,000人申請理賠1 萬元、8,000人申請理賠2萬元、5,000人申請理賠3萬元，則損失頻率與損失幅度分別為多少？

A. 0.019，400

B. 0.019，19,500

C. 0.019，1,950

D. 1.9 萬次，20,000

參考解答：B

● 1.損失幅度

　總損失金額= 6000x 1 + 8000x 2 + 5000x 3= 37,000萬

　損失幅度=37,000萬/19,000=19,474元

　2.損失頻率=1.9/100=0.019=1.9%

二、每年遺族生活費用為30萬，市場利率為5%，請概算應有保額？

A.600萬

B.1200萬

C.1500萬

D.1800萬

參考解答：A

三、以「生命價值法」計算保險需求時，下列敘述何者錯誤？

A.年紀越高，保險需求越低

B.個人支出占所得比重越大，保險需求越高

C.個人收入成長率越高，保險需求越高

D.投資報酬率越高，保險需求越低。

參考解答：B

四、社會非常關注勞工保險老年給付的財務安全性，試問其財務處理方式為？

A.隨收隨付制

B.完全提存準備制

C.部分提存準備制

D.以上皆非。

參考解答：C

●隨收隨付制並無準備金提存；部分提存準備制通常只提撥少部分的準備金；完全提存準備制則提撥足夠的準備金金額。

五、世界銀行在定義年金制度時，可分為第一層的社會(公營)年金，第二層的企業年金，以及第三層的個人年金。國內的退休金制度中，那一些是屬於第一層社會年金？1.國民年金；2.勞工退休金新制；3.公教人員退休撫

恤制度；4.公務人員保險老年給付；5.勞工保險老年給付。

A. 2345

B. 1245

C. 145

D. 1345

參考解答：C

●公教人員退休撫恤制度與勞工退休金新制或勞基法退休制度屬於企業退休金制度。

六、下列何種為確定提撥制的退休金制度：(1)勞工退休金新制；(2)勞保年金制度；(3)美國401(K)制度；(4)新加坡公積金制度？

A.1234

B.123

C.134

D.34

參考解答：C

●勞保年金屬於確定給付制

七、勞工保險老年年金和勞工退休金個人帳戶制是屬於？

A.二者均採確定給付制

B.二者均採確定提撥制

C.勞保年金採確定給付制，個人帳戶制採確定提撥制

D.勞保年金採確定提撥制，個人帳戶制採確定給付制

參考解答：C

●勞保年金屬於確定給付制。勞工退休金制度中，無論個人帳戶制或年金保險制皆屬於確定提撥制。

貳、解釋名詞

一、保單貼現（viatical settlement）[60]

要保人與特定第三人訂約，將保險給付權益透過貼現方式預先取得現金，並將未來保險給付權利轉讓予特定第三人；未來保險事故發生時，壽險公司將依約給付保險金予特定第三人。 通常被保險人罹患絕症或剩餘壽命不長時，可透過保單貼現預先取得現金，以作為支付相關醫療費用、生活費用或最後費用之資金來源。

二、契約繼續率（Persistency rate of insurance contract）

參考解答：

1. 契約繼續率可衡量壽險公司業務招攬的品質。

2. 第13個月件數繼續率：可觀察屆滿第13個月時，原投

---

60 參 Harvey W. Rubin(2000)，壽險管理學會 (2011)

保保險契約持續有效之件數比率。繼續率愈高,代表保單持續繳費件數高而且保單解約或停效之件數少。

3. 繼續率依觀察期間通常可分為第13個月、第25個月或第37個月繼續率,而且可以從保單件數、保額或年繳化保費等角度計算。

叁、簡答題與問答題

一、說明我國開放壽險業經營保險金信託業務之目的;並說明壽險業申請經營保險金信託業務應符合的資格條件。

參考解答:

依據保險法,壽險公司符合資格要求,也可以兼營保險金信託業務,由壽險公司擔任受託人,依照信託契約管理受託財產。另外主管機關也要求壽險業經營保險金信託業務,應經主管機關許可,而且營業及會計必須獨立。摘要說明如下:

1. 主管機關開放壽險業經營保險金信託業務之目的:為使既有有效契約保戶可以透過保險金結合信託機制,獲得保險保障與信託專業管理運用的服務。

2. 依據保險業經營保險金信託業務審核及管理辦法,壽險業申請經營保險金信託業務應符合的資格條件如下:

(1)最近一年之自有資本與風險資本之比率(RBC比率)

應符合200%。

(2)最近一年內未有遭主管機關重大裁罰或罰鍰累計達新臺幣三百萬元以上者。但其違法情事已獲具體改善經主管機關認定者，不在此限。

(3)最近一年內主管機關及其指定機構受理保戶申訴案件申訴率、理賠申訴率及處理天數之綜合評分值為人身保險業由低而高排名前百分之八十。

二、購買未經本國主管機關核可之保險單可能遭遇到那方面的問題，您要如何向潛在保戶宣導？

參考解答：

1. 投保境外保單可能遭受以下問題：

   (1)無法受台灣政府機關的法令保護。

   (2)無法受到他國主管機關的法令保護。

   (3)後續理賠與保服作業耗時且繁複。

2. 如何向客戶宣導：

   (1)風險高與索賠無門或作業繁複：各項給付可能無法順利領取，造成求償無門問題。另外，申辦各項理賠或保服作業可能耗時且作業繁複冗長。

   (2)無法受保險業安定基金的保障。

   (3)不適用保險稅惠，包含保險費列舉扣除額、人身保險給付免納所得稅與指定受益人之身故保險給付免納遺產稅。

(4)違法行為與罰則：依據保險法第一百六十七條之
　一，為非本法之保險業或外國保險業代理、經紀或
　招攬保險業務者，處三年以下有期徒刑，得併科新
　臺幣三百萬元以上二千萬元以下罰金；情節重大
　者，得由主管機關對保險代理人、經紀人、公證人
　予以勒令停業或廢止其許可，並註銷執業證照。法
　人犯前項之罪者，處罰其行為負責人。

三、請說明壽險業者因應市場變化所採取的經營策略與商品創新，對於消費者可能增加的風險。

參考解答：

1. 經營策略與對於消費者可能增加的風險：

經營策略	消費者可能增加的風險
削價競爭，搶佔市場	●針對利率變動型商品，消費者需要承擔利率風險，因為未來利率可能調低。 ●消費者可能承擔解約損失。
多元化行銷通路與網路行銷	消費者承擔多方面騷擾與垃圾訊息。
提高公司死差益	公司的理賠趨嚴與核保趨嚴，影響消費者權益。
提高公司利差益	公司的投資策略趨於積極，提高消費者可能面對的信用風險與流動性風險。
提高公司費差益	公司降低開銷支出與精簡人力，導致客戶服務不週，客戶滿意度偏低。

2. 商品創新與對於消費者可能增加的風險：

商品創新	消費者可能增加的風險
推動儲蓄型保單，並提高商品報酬率	● 可能承擔解約損失。 ● 如果為利率變動型商品，例如：利率變動型年金、利率變動型壽險或萬能壽險，消費者需要承擔利率風險
推動投資型保單與連結結構型債券保單	● 承擔市場風險、匯率風險、信用風險、利率風險等投資風險。
推動外幣保單	● 承擔匯率風險。 ● 可能需要負擔匯款相關費用。

四、由於政府調整油電價格，使通貨膨脹成為最近熱門的話題。請分析通貨膨脹對壽險市場的影響，以及保險公司如何因應？

參考解答：

通貨膨脹將導致民眾的實質購買力下降，對於壽險市場也產生影響，列述影響與壽險公司因應措施如下：

1. 發單成本、人力成本與房租水電成本增加，使得壽險公司經營成本增加：短期壽險公司可採取各項節流措施降低成本，但面對長期成本增加，將使得費用增高，並削減公司費差獲利或造成費差損失，建議壽險公司可以將成本合理反映與商品計價中。

2. 通貨膨脹造成民眾既有保障不足：通貨膨脹使得所得替代率降低與實際保障額度降低，因此壽險公司行銷

人員應伺機加強推動保額遞增的終身保險以及投資型保險，協助客戶對抗通貨膨脹。

3. 通貨膨脹造成民眾偏好權益型資產投資：長期通貨膨脹侵蝕投資報酬率，將誘使民眾增加股票與共同基金等投資工具之配置比重，此時壽險公司可考慮推動變額年金、變額萬能壽險或變額壽險，以提供民眾多元化保險理財需求。

五、從世界各國的人壽保險市場發展狀況可知，許多環境因素影響人壽保險的供給與需求，各種經濟、社會文化、人口結構、科技以及其他因素的整體影響，對於壽險業者產生前所未有的競爭壓力。請提供實例說明人壽保險公司如何藉由商品的設計與行銷，來因應金融服務市場的競爭與壓力。

參考解答：

競爭與威脅	商品設計	商品行銷
經濟成長或經濟衰退	●經濟成長：民眾所得相對較高，可加強推動投資型與儲蓄型商品。 ●經濟衰退：民眾擔心財富縮水，可考慮儲蓄型與保障型商品。	●經濟成長：加強推動投資型與儲蓄型商品；股市上漲時，推動投資型保險將相對容易。 ●經濟衰退：加強推動儲蓄型與保障型商品；股市下跌期間，推動儲蓄型與保障型商品將相對容易。
人口高齡化與少子化	●長期看護保險、重大疾病保險、利率變動型年金與變額年金保險	●針對中老年人，推動高齡保險理財專案

競爭與威脅	商品設計	商品行銷
科技進度	●簡易型商品設計	推動e化行銷、網路行銷、電視行銷與電話行銷
社會文化	●民眾偏好保本與儲蓄 ●民眾樂於自行投資理財	●推動還本終身保險與各種年金保險，提供活的愈久、領得愈多保障。 ●民眾樂於自行投資理財：推動自選標的之投資型保險。
壽險同業競爭激烈	●差異化商品策略	●針對公司的各通路，規劃差異化的商品與差異化的行銷支援及佣獎制度。
銀行保險佔率攀升	●擴展與深耕銀行保險商品，例如：儲蓄型商品、投資型保險與年金保險	●擴展與深耕主要銀行的各項服務與支援。 ●提供更多元化、客製化與專業化的服務，以提高銀行滿意度。
產險之意外險與健康險費率競爭	●增加一年期意外險或健康險的商品特色。 ●加強長年期商品之推動。	●同時提供一年期保證續保與長年期健康險與意外險商品。 ●增加一年期意外險與健康險的保障內容與特色。

六、人身保險主要是保障人的生老病死等風險，其重要性如同民生必需品一般。然而，在實務上，人身保險市場會受到各項經濟、社會、法令以及科技上之革新，而產生相對應之變化。試剖析人壽保險商品之發展方向。

參考解答：

競爭與威脅	商品方向	說明
經濟成長或衰退	●經濟成長：可加強推動投資型與儲蓄型商品。 ●經濟衰退：可加強推動儲蓄型與保障型商品。	●經濟成長：民眾所得相對較高，可加強推動投資型與儲蓄型商品。 ●經濟衰退：民眾擔心財富縮水，可加強推動儲蓄型與保障型商品。
人口高齡化與少子化	長期看護保險、重大疾病保險、利率變動型年金與變額年金保險	針對中老年人，推動高齡保險理財專案
科技進度	簡易型商品設計	推動e化行銷、網路行銷、電視行銷與電話行銷
社會文化	●民眾偏好保本與儲備退休金 ●民眾樂於自行投資理財	●推動還本終身保險與各種年金保險，提供活的愈久、領得愈多保障。 ●推動自選標的之投資型保險
壽險同業競爭激烈	●差異化商品策略	針對公司的各通路，規劃差異化的商品與差異化的行銷支援與佣獎制度。
產險之意外險與健康險費率競爭	●增加一年期意外險或健康險的商品特色。 ●加強長年期商品之推動。	●同時提供一年期保證續保與長年期健康險與意外險商品。 ●增加一年期意外險與健康險的保障內容與特色。

七、根據「人身保險業辦理資訊公開管理辦法」，壽險公司應公佈最近三年的各項財務業務指標，請問該指標可分為那四大類？並針對每大類各列舉2項分別說明各項

值代表之意義。

參考解答：

依據人身保險業辦理資訊公開管理辦法，壽險業應定期揭露公司業務與財務概況，供社會大眾查閱。摘要列述如下：

1. 業務概況：

    可概分為二類，第一類為保費收入、準備金與市佔率類、第二類為保單平均金額與理賠申訴數據：

    (1)市場占有率：以總保費收入對全體人身保險業當年度總保費收入之比率計算，並應另按新契約及有效契約予以區分列示。

    (2)各險別準備金：包含責任準備金、未滿期保費準備金、特別準備金、賠款準備金、保費不足準備金與其他準備金。

    (3)人壽保險個人保件新契約平均保險金額：每張新契約保單的平均保險金額。

    (4)人壽保險個人保件新契約平均保險保費：每張新契約保單的平均保險費。

2. 財務概況：

    可概分為二類，第一類為財務報表與重要項目類，第二類為財務指標與財務資訊揭露。

    (1)綜合損益表：觀察特定會計期間內，壽險公司之營業收入、營業費用與利潤或損失之收支報表。

(2)準備金：在特定時點壽險業的各項準備金提存金額，包含壽險責任準備金、未滿期保費準備金、特別準備金與賠款準備金等項目。

(3)逾期放款比率：逾期放款金額/整體放款餘額。

(4)資本適足性之揭露：RBC比率=(自有資本/風險資本) ×100%

八、試說明處理保險理賠之原則；另被保險人死亡時，其保險金額在何種情況下作為被保險人之遺產？

參考解答：

1. 處理保險理賠之原則：

(1)效率原則：迅速理賠。

(2)公平合理原則：理賠金額應該公平，不可因人而異。

(3)精確原則：理賠金額給付對象應該精確，不能給付對象錯誤，因而造成困擾。

2. 保險金額在何種情況下作為被保險人之遺產？

(1)死亡保險金未指定受益人時，須列為被保險人之遺產。

(2)適用實質課稅原則之個案：如果個案有鉅額投保、高齡投保、重病投保、短期密集投保、躉繳投保、舉債投保、保險費相當於保險給付之儲蓄保險、年金保險或投資型保險等情況，可能被國稅局依照實

質課稅原則，就該保險給付併課遺產稅。

九、在國內若企業為員工安排團體保險計劃，其在相關稅法上有何優惠？

參考解答：

依據營利事業所得稅查核準則，營利事業為員工投保之團體人壽保險、團體健康保險及團體傷害保險，其由營利事業負擔之保險費，以營利事業或被保險員工及其家屬為受益人者，每人每月保險費合計在新臺幣二千元以內部分，免視為被保險員工之薪資所得；超過部分，視為對員工之補助費，應轉列各該被保險員工之薪資所得。

參考文獻

1. 方明川，商業年金保險概論，作者自行出版，2011年3月

2. 中壽、富邦、新光、保誠、南山、中國信託與國泰等壽險公司商品簡介、要保文件與條款，搜尋日期2013~2016年12月

3. 朱銘來、廖勇誠、王碧波等，人身保險經營實務與研究，白象文化，2011年11月

4. 朱銘來、廖勇誠，台灣利率變動型年金與變額年金發展的總體經濟影響因素研究，保險專刊，2013年12月

5. 呂廣盛，個人壽險核保概論，作者發行，1995年5月

6. 宋明哲，人壽保險，三民書局，1993年9月

7. 考選部，人身保險代理人命題大綱，搜尋日期：2016年7月

8. 考選部，考選統計數據，搜尋日期：2012年~2016年

9. 考選部，人身保險代理人歷屆試題，搜尋日期：1992年~2016年

10. 風險管理學會，人身風險管理與理財，智勝文化，2001年

11. 保險事業發展中心，投資型保險業務員登錄考試訓練教材，2012年

12. 金管會保險局與保險事業發展中心，保險市場重要指標，2014年7月~2016年12月

13. 金融消費評議中心網站，申訴與評議統計資料，2014年6月~2016年12月

14. 金管會證期局網站，IFRS專區，http://www.twse.com.tw/ch/listed/IFRS/aboutIFRS.php，搜尋日期：2014年7月搜尋

15. 林敏華、賴本隊，人壽保險，華立圖書公司，2004年

16. 柯木興，社會保險，中國社會保險學會，1993年

17. 許文彥，保險學-風險管理與保險，新陸書局，2012年2月

18. 袁宗蔚，保險學，三民書局，1993年3月

19. 洪燦楠，保險公司風險管理之國際趨勢，壽險季刊，2008年

20. 夏銘賢，台灣壽險業商品研發的演變及新趨勢，壽險季刊，1998年

21. 張士傑， EU Solvency II：整合型態風險管理的保險監理架構，風險與保險，2007

22. 凌氤寶、康裕民與陳森松，保險學理論與實務，華泰文化，2008年

23. 財政部，稅法輯要，財政部編印，2013年10月

24. 陳明哲，人身保險，華視文化出版，2011年

25. 陳淑娟，Solvency II 實施對壽險業經營之影響，壽險季刊，2008年

26. 陳建勝、楊和利與徐璧君等，實用保險學個案導向，

2012年

27. 鄒政下，保險會計，作者自行出版，1996年

28. 壽險公會，外幣保險業務員資格測驗統一教材，2012年

29. 壽險公會與保險事業發展中心，近年人壽保險業概況與近年保費數據，1995~2016年

30. 壽險公會與保險事業發展中心，保險法令彙編或網站法令條文，2012~2016年搜尋

31. 壽險公會，人身保險業務員資格測驗統一教材，自行出版，2012年

32. 壽險管理學會，人壽保險，自行出版，2011年

33. 證券暨期貨市場發展基金會，IFRS認識國際會計準則宣導手冊，2014年3月搜尋。

34. 廖勇誠，個人年金保險商品實務與研究，鑫富樂文教，2012年9月

35. 廖勇誠，輕鬆考證照：人身與財產風險管理概要與考題解析，鑫富樂文教，2013年1月

36. 廖勇誠，輕鬆考證照：外幣保單與保險理財，鑫富樂文教，2014年1月

37. 廖勇誠，和樂新聞，保險金信託＝專業管理＋保險保障，正因文化，2014年6月

38. 廖勇誠，人身風險管理概要與考題解析，鑫富樂文教，2016年1月

39.謝淑慧、黃美玲，社會保險，華立圖書公司，2012年9月

40.謝劍平，投資學基本原理與實務，智勝文化，2012年

41.Hallman & Jerry, Personal Financial Planning, 1993

42.Harvey W. Rubin, Dictionary of Insurance Terms, Fourth Edition, 2000

43.Kenneth Black, JR., Harold Skipper, JR.,Life Insurance, Prentice-Hall Inc, 1994

44.Mary C. Bickley, J.D., Ernest L. Martin, Marketing, Distribution and Uses of annuities, Life Office Management Association, Inc., 2000

心靈分享篇：

「前腳走，後腳放」意即：昨天的事就讓它過去，把心神專注在今天該做的事上。～～摘錄自證嚴法師靜思語

英文的禮物是present；現在也是present；包含"把握現在就是給您的禮物的智慧喔！"

「春有百花秋有月，夏有涼風冬有雪，若無閒事掛心頭，便是人間好時節！」～～宋朝無門慧開禪師

．．．．．．．．．．．．．．．．．．．．．．．．．．．．

【莫虛度光陰】人一旦無所事事、虛度光陰，精神就會委靡不振，生命也就失去意義。

【造福人群】人生在世，不能無所事事、懵懵懂懂而虛度一生，應發揮我們的良知良能，以佛菩薩的精神造福人群。

【動中的寧靜】人要學習經得起周圍人事的磨練而心不動搖，並學習在動中保持心的寧靜。

～～恭錄自證嚴法師靜思語錄

面對人生逆境低潮，勇敢面對處理應對吧！

往前看您的人生，然後勇敢向前邁進！

活著的每一天，都將成為歷史，人生無法倒帶。那就活在當下，每一分每一秒都要是精采的、有意義的、樂活的！

身為家庭、班級、宿舍、學校、公司或社會的一份子，您無法獨立而活。那就將自己歷鍊升級；成為可以與不同人格特質與多元專業的他人或她人，相互包容與團隊合作的一份子吧！

國家圖書館出版品預行編目(CIP)資料

人身保險經營與實務 / 賀冠群, 廖勇誠作. -- 再版. -- 臺
中市：鑫富樂文教, 2017.02
面；　公分

ISBN 978-986-93065-2-2(平裝)

1.人身保險

563.74　　　　　　　　　　　　　106000744

人身保險經營與實務

作者：賀冠群、廖勇誠
編輯：鑫富樂文教事業有限公司編輯部
美術設計：楊易達

發行人：林淑鈺
出版發行：鑫富樂文教事業有限公司
地址：402台中市南區南陽街77號1樓
電話：(04)2260-9293
傳真：(04)2260-7762
總經銷：紅螞蟻圖書有限公司
地址：114台北市內湖區舊宗路二段121巷19號
電話：(02)2795-3656
傳真：(02)2795-4100

2017年2月17日 再版一刷
定　價◎新台幣480元

ISBN 978-986-93065-2-2
公司網站：www.happybookp.com
回饋意見：joycelin@happybookp.com